일제강점기 글쓰기론 자료 4

文章體法

李鍾麟 著作

엮은이 **김경남**

건국대학교를 졸업하고 동 대학원에서 문학박사학위를 받았다. 현재 대학에서 글쓰기 강의를 하고 있으며, 글쓰기 이론에 관심이 많다.
「일제강점기의 작문론과 기행문 쓰기의 발달 과정」, 「1910년대 기행 담론과 기행문의 성격」, 「근대적 기행 담론 형성과 기행문 연구」 등 다수의 논문을 통해 글쓰기 이론의 체계화를 모색하고 있으며, 아울러 근대(近代)와 기행 담론의 천착에 몰두하고 있는 중이다.

일제강점기 글쓰기론 자료 4
(李鍾麟 著) 문장체법

1판 1쇄 인쇄_2015년 11월 20일
1판 1쇄 발행_2015년 11월 30일

엮은이_김경남
펴낸이_양정섭
펴낸곳_도서출판 경진
등록_제2010-000004호
블로그_http://kyungjinmunhwa.tistory.com
이메일_mykorea01@naver.com

공급처_(주)글로벌콘텐츠출판그룹
대표_홍정표
편집_송은주 디자인_김미미 기획·마케팅_노경민 경영지원_안선영
주소_서울특별시 강동구 천중로 196 정일빌딩 401호
전화_02-488-3280 팩스_02-488-3281
홈페이지_http://www.gcbook.co.kr

값 25,000원
ISBN 978-89-5996-490-1 93710

※ 이 도서의 국립중앙도서관 출판예정도서목록(CIP)은 서지정보유통지원시스템 홈페이지(http://seoji.nl.go.kr)와 국가자료공동목록시스템(http://www.nl.go.kr/kolisnet)에서 이용하실 수 있습니다. (CIP제어번호: CIP2015030886)

일제강점기 글쓰기론 자료 4

(李鍾麟 著) 문장체법

김경남 엮음

경진출판

해제

이종린(李鍾麟)의 『문장체법(文章體法)』(1913, 普成社)

이종린(李鍾麟)은 1888년 충남 서산군에서 태어났다. 호는 보암(普菴)으로 1909년 6월 오세창(吳世昌), 장효근(張孝根)이 『대한민보(大韓民報)』를 창간할 때, 논설 기자로 활동하였다. 1912년에 천도교에 입교하여 천도교 월보사 주임으로 활동하면서, 『천도교회월보(天道教會月報)』에 천도교 교리와 관련한 다수의 글을 남겼다. 아동 교육이나 문장 작법에도 관심을 기울여 『문장체법(文章體法)』(1913, 普書館), 『몽학이천자』(1914, 滙東書館)를 저술하였으며, 1919년 3·1 운동 당시에는 지하신문인 『조선독립신문(朝鮮獨立新聞)』을 창간하여 주필로 활동하다가 투옥되었으며, 그 이후에도 천도교 교령(敎領) 또는 장로(長老)로 활동하였다. 광복 이후 제헌 국회의원, 제2대 국회의원을 지냈으나 6·25 당시 인민군에게 체포되었다가 가출옥한 후 병사하였다.

『문장체법』(1913, 보성사)은 범례에서 밝힌 바와 같이, '고래 문장대가'들의 작품을 선발·편집하여 문장의 체제와 법칙을 설명하고자 한 목적에서 저술한 책이다. 의암 손병희의 '제(題)', 이종일의 '문장체법 서(文章體法 序)', '문장체법 자서(文章體法 自序)', '범례(凡例)', '목

차(目次)'를 포함하여 상하 2권으로 구성되었으며, 상권은 '주객법, 간용법, 함축법, 곡절법' 등의 문장 구성 방법을 중심 내용으로 하였으며, 하권은 명문(名文)을 제시하고 그 내용을 상세히 풀이하는 방식으로 구성하였다.

이 책은 최재학(1909), 이각종(1911)에 비하여 획기적인 작문 이론의 발달을 보이지는 못했지만, 일제강점기 초기의 작문 교재라는 점에서 학술적 가치가 높은 책이다.

文章體法

李鍾麟 著

원전

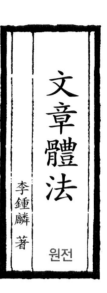

大正二年八月二十一日印刷
大正二年八月二十五日發行

文章軆法 全一册
定價金六十錢

著作者 京城中部下谷石洞二十三統八戶 李鍾麟
發行者 京城中部典洞三十四統十一戶 金相奎
印刷者 京城北部死洞十二統一戶 申永求
印刷所 京城中部磚洞十四統一戶 普成社
發行所 京城中部典洞三十四統十一戶 普書館
分賣所 各書舖

라ᄒᆞ니卽斯水也라誘ᄂᆞᆫ是涿人이니事明經證ᄒᆞ리라今水破城東南隅ᄒᆞ니라世又謂易水ㅣ爲故安河라ᄒᆞ니라武陽은蓋燕昭王之所城也라東西二十里오南北十七里니故傳逮述의游賦曰出北薊歷良鄉ᄒᆞ며登金臺觀武陽ᄒᆞ니兩城遼廓ᄒᆞ야舊迹冥茫이라ᄒᆞ니蓋謂是處也라易水東流ᄒᆞ야而出於范陽

文章體法卷下 終

荊楚歲時譜

宗 懍

正月一日은是三元之日也라春秋에謂之端月이니鷄鳴而起ᄒᆞ야先於廷前爆竹ᄒᆞ야以辟山臊惡鬼ᄒᆞᄂᆞ니라

按神異經에云西方山中에有人焉ᄒᆞ니其長이尺餘오一足이라性不畏人ᄒᆞ야犯之則令人寒熱ᄒᆞ니名曰山臊라以竹著火中이烞熚有聲而山臊驚憚이라ᄒᆞ니玄黃經所謂山𤢖鬼也라俗人이以爲爆竹

正月七日이爲人日ᄒᆞ니以七種菜로爲羹ᄒᆞ며翦綵爲人ᄒᆞ며或鏤金簿爲人ᄒᆞ야以貼屛風ᄒᆞ며亦戴之頭鬢ᄒᆞ고又造華勝以相遺ᄒᆞ며登高賦詩

按董勛問禮俗에曰正月一日爲鷄오二日爲狗오三日爲羊이오四日爲猪오五日爲牛오六日爲馬오七日爲人이니正旦에畫鷄於門ᄒᆞ고七日帖人於帳ᄒᆞ더니今에一日不殺鷄ᄒᆞ고二日不殺狗ᄒᆞ고

美常均이로다及與黃門鼓吹温胡로迭唱迭和ᄒᆞ니喉所發音이無不響應이로다曲折沉浮라가尋變入節이로다自初呈試히中間二句이로다胡欲傚其所不知ᄒᆞ야尙之以一曲ᄒᆞ야巧竭意匱나既已不能ᄒᆞ고而此孺子ᄂᆞᆫ遺聲抑揚이不可勝窮이로다優遊轉化ᄒᆞ야餘弄未盡이라가曁其清激悲吟ᄒᆞ야ᄂᆞᆫ雜以怨慕로다詠北狄之遐征ᄒᆞ고奏胡馬之長思로다凄入肝脾ᄒᆞ고哀感頑豔이로다是時에日在西隅ᄒᆞ니涼風拂衽이로다背山臨溪ᄒᆞ니流泉東逝로다同坐仰歎ᄒᆞ며觀者俯聽ᄒᆞ니莫不泫泣殞涕ᄒᆞ야悲懷慷慨로다自左顚史妠謇姐名倡能識以來로耳目所見이僉曰詭異라未之聞也라ᄒᆞ더이다竊惟聖體ㅣ兼愛好奇라是以因牋ᄒᆞ니先自委曲이로다伏想御聞에必含餘懽이로다冀事速訖ᄒᆞ니旋侍光塵이로다寓目階庭ᄒᆞ야與聽斯調로다宴喜之樂이盖亦無量이로다欽은死罪死罪

譜

荊楚歲時譜 宗懍

正月一日은是三元之日也라春秋에謂之端月이니鷄鳴而起ᄒᆞ야先於廷前爆竹ᄒᆞ야以辟山臊惡鬼ᄒᆞ나니라

按神異經에云西方山中에有人焉ᄒᆞ니其長이尺餘오一足이라性不畏人ᄒᆞ야犯之則令人寒熱ᄒᆞ니名曰山臊라以竹著火中의烞熚有聲而山臊驚憚이라ᄒᆞ니玄黃經所謂山獠鬼也라俗人이以爲爆竹

正月七日이爲人日ᄒᆞ니以七種菜로爲羹ᄒᆞ며翦綵爲人ᄒᆞ며或鏤金簿爲人ᄒᆞ야以貼屛風ᄒᆞ며亦戴之頭鬢ᄒᆞ고又造華勝以相遺ᄒᆞ며登高賦詩

按董勛問禮俗에曰正月一日爲鷄오二日爲狗오三日爲羊이오四日爲猪오五日爲牛오六日爲馬오七日爲人이니正旦에畫鷄於門ᄒᆞ고七日帖人於帳ᄒᆞ더니今에一日不殺鷄ᄒᆞ고二日不殺狗ᄒᆞ고

美常均이로다及與黃門鼓吹溫胡로迭唱迭和ᄒᆞ니喉所發音이無不響應이로다曲折沉浮라가尋變入節이로다自初呈試히中間二旬이로다胡欲傚其所不知ᄒᆞ야尙之以一曲ᄒᆞ야巧竭意匱나既已不能ᄒᆞ고而此孺子ᄂᆞᆫ遺聲抑揚이不可勝窮이로다優遊轉化ᄒᆞ야餘弄未盡이라가曁其淸激悲吟ᄒᆞ야ᄂᆞᆫ雜以怨慕로다詠北狄之遐征ᄒᆞ고奏胡馬之長思로다凄入肝脾ᄒᆞ고哀感頑豔이로다是時에日在西隅ᄒᆞ니凉風拂袵이로다背山臨溪ᄒᆞ니流泉東逝로다同坐仰歎ᄒᆞ며觀耆俯聽ᄒᆞ니莫不泫泣殞涕ᄒᆞ야悲懷慷慨로다自左顒史妠謇姐名倡能識以來로耳目所見이僉曰詭異라未之聞也라ᄒᆞ더이다竊惟聖體ㅣ兼愛好奇라是以因牋ᄒᆞ니先自委曲이로다伏想御聞에必含餘懽이로다冀事速訖ᄒᆞ니旋侍光塵이로다寓目階庭ᄒᆞ야與聽斯調로다宴喜之樂이蓋亦無量이로다欽은死罪死罪

譜

同不一이로다託情風什과希世罕功은雖漢在四世ᄒᆞ고魏稱三祖나寧足以繼想南風ᄒᆞ며克諧調露리오性與天道로事絶稱言이로다豈其多幸ᄒᆞ야親奉旦暮로다臣이早奉龍潛ᄒᆞ니與賈馬而入室이오晩屬天飛ᄒᆞ니比嚴徐而待詔로다惟君知臣은見於訥言之旨ᄒᆞ사取求不疵ᄒᆞ니表於辯才之戲로다謹輒牽率庸陋ᄒᆞ와式酬天奬이로다揣速雖効나蚩鄙已彰이로다臨啓慙恧ᄒᆞ야罔識所寘로다謹啓

牋

與魏文帝牋

繁 欽

正月八日壬寅領主簿欽은死罪死罪近屢奉牋이나不足自宣이러니頃諸鼓吹ᄒᆞ야廣求異妓ᄒᆞᆯ시時에都尉薛訪車子ㅣ年始十四라能喉囀引聲ᄒᆞ야與笳同音이로다白上呈見ᄒᆞ니果如其言이로다卽日故共觀試ᄒᆞ니乃知天壤之所生에誠有自然之妙物也로다潛氣內囀이哀音이外激이로다大不抗越ᄒᆞ고細不幽散이로다聲悲古笳ᄒᆞ며曲

後知天下之文章이聚乎此也로다太尉ᄂᆞᆫ以才略으로冠天下ᄒᆞ니天下之所恃以無憂오四彝之所憚以不敢發이라人則周公召公이오出則方叔召虎로다而轍也ㅣ未之見焉이로라且夫人之學也에不志其大ᄒᆞ면雖多而何爲아轍之來也에於山에見終南嵩華之高ᄒᆞ며於水에見黃河之大且深ᄒᆞ며於人에見歐陽公이오而猶爲未見太尉也로다故로願得觀賢人之光耀ᄒᆞ야聞一言以自壯ᄒᆞ고然後에可以盡天下之大觀而無憾者矣로다轍以年少로未能通習吏事라嚮之來ᄂᆞᆫ非有取於升斗之祿이어ᄂᆞᆯ偶然得之ᄒᆞ니非其所樂이로다以得賜歸待選ᄒᆞ며使得優游數年之間ᄒᆞ야將以益治其文ᄒᆞ며且學爲政ᄒᆞ노니太尉ᄂᆞᆫ苟以爲可敎라ᄒᆞ야而辱敎之ᄒᆞ면又幸矣로다

啓

奉答勅示七夕詩啓

任昉

臣昉은啓ᄒᆞ노이다奉勅幷賜詩七夕五韵ᄒᆞ니竊惟帝跡多緖ᄒᆞ사俯

我ᄂᆞᆫ善養吾浩然之氣라ᄒᆞ니今에觀其文章ᄒᆞ면寬厚宏博ᄒᆞ야充乎天地之間ᄒᆞ야稱其氣之小大ᄒᆞ며太史公은行天下에周覽四海名山大川ᄒᆞ며與燕趙間豪俊交遊로다故로其文이疎蕩ᄒᆞ야頗有奇氣ᄒᆞ니此二子者ㅣ豈嘗執筆ᄒᆞ야學爲如此之文哉아其氣ㅣ充乎其中而溢乎其貌ᄒᆞ며動乎其言而見乎其文ᄒᆞ야而不自知也로다轍이生十有九年矣라其居家所與遊者ㅣ不過其隣里鄕黨之人이오所見이不過數百里之間에無高山大野可登覽以自廣ᄒᆞ며百氏之書를雖無所不讀이나然皆古人之陳迹이라不足以激發其志氣ᄒᆞ야恐遂汨沒故로決然舍去ᄒᆞ고求天下奇聞壯觀ᄒᆞ야以知天地之廣大로다過秦漢之故都ᄒᆞ야恣觀終南嵩華之高ᄒᆞ고北顧黃河之奔流ᄒᆞ니慨然想見古之豪傑이러라至京師ᄒᆞ야仰觀天子宮闕之壯與倉廩府庫城池苑囿之富且大也ᄒᆞ고而後知天下之巨麗ᄒᆞ며見翰林歐陽公ᄒᆞ야聽其議論之宏辯ᄒᆞ며觀其容貌之秀偉ᄒᆞ며與其門人賢士大夫遊ᄒᆞ고而

之跡矣ㅣ와라去年春에亦嘗一進謁於左右矣러니温乎其容이若加其新也며屬乎其言이若閔其窮也로다退而喜也ᄒᆞ야以告於人호라其後如東京取妻子에又不得朝夕繼見ᄒᆞ고及其還也에亦嘗一進謁於左右矣러니邈乎其容이若不察其愚也ᄒᆞ며悄乎其言이若不接其情也로다退而懼也ᄒᆞ야不敢復進호라今則釋然悟ᄒᆞ며翻然悔ᄒᆞ야曰其邈也ᄂᆞᆫ乃所以怒其來之不繼也오其悄也ᄂᆞᆫ乃所以示其意也로다不敏之誅를無所逃避ᄒᆞ야不敢遂進ᄒᆞ고輒自疏其所以ㅣ로다幷獻近所爲復志賦已下十首로爲一卷ᄒᆞ니卷有標軸이오送孟郊序一首ᄂᆞᆫ生紙寫ᄒᆞ야不加裝飾이라皆有楷字注字處ᄂᆞᆫ急於自解而謝라不能竢更寫호니閤下ᄂᆞᆫ取其意而略其禮ㅣ可也로다

上樞密韓太尉書　蘇轍

太尉執事여轍이生好爲文ᄒᆞ야思之至深호니以爲文者ᄂᆞᆫ氣之所形이로다然이나文不可以學而能이어니와氣可以養而致ㅣ로다孟子曰

一切俱亡ᄒᆞ고且知平時有望於先生者ㅣ爲不謬矣로다彼區區所謂外物者아又何足爲左右道哉아本欲便至齊安이나屬久離侍下ᄒᆞ야未可遠適이로다問道或在秋抄也ᄒᆞ니惟親近藥餌方書ᄒᆞ야以節宣和氣어다臨紙於悒ᄒᆞ야不盡所懷

書

與陳給事書　韓愈

愈ᄂᆞᆫ再拜ᄒᆞ노니愈之獲見於閤下ㅣ有年矣라始者에亦嘗辱一言之譽로ᄃᆡ貧賤也라衣食於奔走ᄒᆞ야不得朝夕繼見이러니其後閤下ㅣ位益尊ᄒᆞ야伺候於門墻者ㅣ日益進이로다夫位益尊則賤者ㅣ日隔ᄒᆞ며伺候於門墻者ㅣ日益進則愛博而情不專ᄒᆞ나니愈也ᄂᆞᆫ道不加修ᄒᆞ고而文이日益有名이로다夫道不加修則賢者ㅣ不與ᄒᆞ고文이日益有名則同進者ㅣ忌ᄒᆞᄂᆞ니始之以日隔之疎로加之以不專之望ᄒᆞ며以不與者之心으로聽忌者之說이로다由是로閤下之庭에無愈

之日은短也라烏鳥私情이願乞終養ᄒᆞ노이다臣之辛苦는非獨蜀之人士와及二州牧伯所見이라明知皇天后土ㅣ實所共鑒이오니願陛下는矜愍愚誠ᄒᆞ사聽臣微志ᄒᆞ소서庶劉ㅣ僥倖卒保餘年ᄒᆞ면臣이生當隕首ᄒᆞ고死當結草ᄒᆞ리다臣은不勝犬馬怖懼之情ᄒᆞ야謹拜表以聞ᄒᆞ노이다

簡

與蘇黃州簡 秦觀

某再拜自聞被旨入都로遠近이驚傳ᄒᆞ야莫知所謂러라遂扁舟渡江ᄒᆞ야比至吳興ᄒᆞ야見陳書記錢主簿ᄒᆞ고具知本末之詳ᄒᆞ니以先生之道ㅣ仰不愧天ᄒᆞ며俯不怍人ᄒᆞ며內不愧心이로다某雖至愚나亦知無足憂者로다但慮道途頓撼과起居飮食之失常이라是以로西鄕憫憫ᄒᆞ야有兒女子之懷ᄒᆞ야殆不能自克也로다此聞行李ㅣ已達齊安ᄒᆞ니燕居僧房ᄒᆞ야水飮蔬食로有以自適이로다然後私所念慮를

才로다臣以供養無主로辭不赴命이로다詔書特下ᄒᆞ샤拜臣郎中이로다尋蒙國恩ᄒᆞ야除臣洗馬로다猥以微賤으로當侍東宮ᄒᆞ니非臣隕首면所能上報로다臣具以表聞ᄒᆞ고辭不就職ᄒᆞ니詔書切峻ᄒᆞ사責臣逋慢이로다郡縣逼迫ᄒᆞ야催臣上道로다州司臨門ᄒᆞ야急於星火로다臣欲奉詔奔馳나則以劉病日篤이라欲苟順私情이나則告訴不許ᄒᆞ니臣之進退ㅣ實謂狼狽로다伏唯聖朝ᄂᆞᆫ以孝治天下ᄒᆞ사凡在故老ᄒᆞ야猶蒙矜育이온況臣孤苦ᄂᆞᆫ尤爲特甚이로다臣이少事僞朝ᄒᆞ야歷職郎署로다本圖宦達ᄒᆞ야不矜名節이로다今臣은亡國賤俘라至微至陋어ᄂᆞᆯ過蒙拔擢ᄒᆞ니豈敢盤桓이리오有所希冀ᄂᆞᆫ但以劉ㅣ日薄西山에氣息奄奄이로다人命危淺ᄒᆞ야朝不慮夕이로다臣無祖母면無以至今日이오祖母無臣이면無以終餘年이라母孫二人이更相爲命일ᄉᆡ是以區區로不敢避遠이로다臣密은今年四十有四오祖母劉ᄂᆞᆫ今年九十有六이라是臣盡節於陛下之日은長ᄒᆞ고報劉

之人이未始不負高世之志라故로寧或毁身汚跡하야卒困於無聞ᄒ며或老且死而幸一遇ᄒ야猶克少施於世ᄒ나니若曼卿者ᄂ非徒與世難合이라而不克所施ᄒ고亦其不幸ᄒ야不得至乎中壽ᄒ니其命也夫라其可哀也夫ㅣ뎌

陳表

陳情表 李密

臣以險釁으로夙遭閔凶이로다生孩六月에慈父見背ᄒ고行年四歲에舅奪母志로다劉ㅣ愍臣孤弱ᄒ야躬親撫養이로다臣이少多疾病ᄒ야九歲不行ᄒ고零丁孤苦러니至于成立ᄒ야旣無叔伯ᄒ고終鮮兄弟로다門衰祚薄ᄒ야晩有兒息이로다外無期功强近之親ᄒ고內無應門五尺之童이로다煢煢孑立ᄒ니形影이相吊로다而劉ㅣ夙嬰疾病ᄒ야常在牀蓐이로다臣侍湯藥ᄒ야未嘗廢離로다逮奉聖朝ᄒ야沐浴淸化ᅵᆯ식前太守臣逵ㅣ察臣孝廉ᄒ고後刺史臣榮이擧臣秀

盡其才나而且病矣로다既而聞邊將이有欲以鄕兵捍賊者ᄒᆞ고笑曰此는得吾粗也로다夫不敎之兵은勇怯이相雜ᄒᆞ니若怯者ㅣ見敵而動ᄒᆞ면則勇者亦牽而潰矣니라今或不暇敎ㅣ된不若募其敢行者니則人人皆勝兵也라其現世ㅣ蔑若不足爲로다ᄒᆞ더니及聽其設施之方이雖精恩濙慮라도不能過也」러라狀貌偉然ᄒᆞ야喜酒自豪ᄒᆞ니若不可繩以法度나退而質其平生ᄒᆞ면趣舍大節이無一悖於理者로다遇人無賢愚히皆盡欣歡ᄒᆞ며及可否天下是非善惡ᄒᆞ야는當其意者無幾人ᄒᆞ며其爲文章은健勁稱其意氣」러라有子濟、滋ᄒᆞ니天子ㅣ聞其喪ᄒᆞ시고官其一子ᄒᆞ야使祿其家ᄒᆞ다既卒之三十七日에葬於太淸之先塋ᄒᆞ니其友歐陽修ㅣ表於其墓曰嗚乎曼卿이여寧自混以爲高언뎡不少屈以合世ᄒᆞ니可謂自重之士矣」로다士之所負者ㅣ愈大ᄒᆞ면則其自顧也愈重이로다自顧愈重ᄒᆞ면則其合愈難이로다然欲與共大事立奇功인된非得難合自重之士면不可爲也」니라古之魁雄

進士不第러니眞宗推恩ᄒᆞ야三擧進士ᄒᆞ야皆補奉職호ᄃᆡ曼卿이初不肯就ᄒᆞ니라張文節公이素奇之ᄒᆞ야謂曰母老乃擇祿耶아曼卿이矍然起就之ᄒᆞ야遷殿直이러니久之오改太常寺太祝ᄒᆞ야知濟州金鄕縣ᄒᆞ고歎曰此亦可以爲政也라ᄒᆞ야縣有治聲이러라通判乾寧軍ᄒᆞ야丁母永安縣君李氏憂ᄒᆞ고服除의通判永靜軍ᄒᆞ야皆有能名ᄒᆞ며充館閣校勘이라가累遷大理寺丞ᄒᆞ고通判海州라가還爲校理러니莊獻明肅太后ㅣ臨朝의曼卿이上書請還政天子ᄒᆞ다其後太后崩의范諷이以言見幸ᄒᆞ야引嘗言太后事者ᄒᆞ야遽得顯官일ᄉᆡ欲引曼卿ᄒᆞ니曼卿이固止之乃已ᄒᆞ다自契丹通中國으로德明이盡有河南而臣屬ᄒᆞ니務休兵養息ᄒᆞ야天下晏然ᄒᆞ야內外弛武三十餘年에曼卿이上書言十事러니不報ᄒᆞ다已而元昊反ᄒᆞ야西方用兵이라始思其言ᄒᆞ고召見稍用其說ᄒᆞ야籍河北河東陝西之民ᄒᆞ야得鄕兵數十萬ᄒᆞ다曼卿이奉使籍兵河東還ᄒᆞ니稱旨賜緋衣銀魚ᄒᆞ고天子方思

臣所惜者ᄂᆞᆫ宗社無疆之業이로다苟斯言之可采면則雖死而猶生이로다淚盡辭窮ᄒᆞ니形遺神逝로다

墓表

石曼卿墓表

歐陽脩

曼卿은諱延年이오姓石氏라其上世爲幽州人이러니幽州入於契丹이其祖自成이始以其族으로間走南歸ᄒᆞ니天子ㅣ嘉其來ᄒᆞ사將祿之어ᄂᆞᆯ不可라ᄒᆞ고乃家於宋州之宋城ᄒᆞ니라父諱ᄂᆞᆫ補之니官至太常博士ᄒᆞ니라幽ᄂᆞᆫ燕俗이라勁武而曼卿이少亦以氣自豪ᄒᆞ야讀書에不治章句ᄒᆞ고獨慕古人奇節偉行非常之功ᄒᆞ며視世俗屑屑ᄒᆞ야無足動其意者라自顧不合於時ᄒᆞ야乃一混於酒로다然好劇飮大醉ᄒᆞ야頹然自放이러라繇是로益與時不合ᄒᆞ고而人之從其游者ᄂᆞᆫ皆知愛曼卿이落落可奇오而不知其才之有以用也러라年四十八康定二年二月四日에以太子中允秘閣校理로卒於京師ᄒᆞ다曼卿이少擧

야貪戀歲時ᄒᆞ니儻粗釋於沉迷ᄒᆞ야或少紓於報效아ᄒᆞ더니今則膏盲已迫ᄒᆞ야氣息僅存이로다泉路非遙ᄒᆞ니聖時永隔이로다恐叩閽之靡及이라雖結草以何爲아是以로假漏偸生ᄒᆞ야刳心瀝懇ᄒᆞ노니庶皇慈之俯鑒ᄒᆞ사亮愚意以無他아臣若不言이면死有餘恨이니다伏望皇帝陛下ᄂᆞᆫ淸心寡欲ᄒᆞ시며約己便民ᄒᆞ소서達孝道於精微ᄒᆞ고擴仁心於廣遠ᄒᆞ소서深絶朋黨之論ᄒᆞ고審察邪正之歸ᄒᆞ소서搜拔幽隱ᄒᆞ사以盡人材ᄒᆞ시며屛斥奇巧ᄒᆞ샤以厚風俗ᄒᆞ소서愛惜生靈而無輕議邊事ᄒᆞ시며包容狂直而無易逐言官ᄒᆞ소서若宣仁之毁謗이未明이면致保祐之憂勤이不顯이로다本權臣은務快其私忿ᄒᆞ고非泰陵은實謂之當然이라以致未究流人之往愆ᄒᆞ야恐以聖恩而特叙로다尙使存沒ᄒᆞ야猶汙瑕玼로다又復未解疆場之嚴ᄒᆞ고幾空帑藏之積이로다有城必守ᄒᆞ고得地難畊이로다凡此數端을願留聖念ᄒᆞ사無令後患으로常軫淵衷ᄒᆞ소서臣所重者ᄂᆞᆫ陛下上聖之資오

垂盡之期ᄒᆞ야仰瀆蓋高之聽」이로다伏念臣은賦生拙直ᄒᆞ고禀生藉危로다忠義를雖得之家傳이나利害는率同於人欲이로다未始苟作以干譽오不敢患失以營私로다蓋嘗先天下而憂는期不負聖人之學이라此先臣所以教子오而微臣資以事君이로다學自治平으로擢爲御史ᄒᆞ고繼逢神考ᄒᆞ야進列諫垣ᄒᆞ니荏苒五十二年에首尾四十六任이로다分符擁節ᄒᆞ며持橐守邊이로다晩叨宥密之求ᄒᆞ야再席鈞衡之寄로다遇事輒發ᄒᆞ니曾不顧身이오因時有爲ᄒᆞ니止欲及物이로다固知盈滿之當戒나不思禍亂之陰乘이로다萬里風濤에僅脫江魚之葬ᄒᆞ며四年瘴癘에幾從山鬼之游로다忽遭睿聖之臨朝ᄒᆞ와首圖纖芥之舊物이로다復官易地ᄒᆞ고還遣使宣恩ᄒᆞ시니而臣이目已不明ᄒᆞ야無復仰瞻於舜日이오身猶可勉ᄒᆞ면或能親奉於堯言가豈事理之能諧리오果神明之見嗇이로다未獲九重之入覲ᄒᆞ니卒然四體之不隨로다空慚田畝之還ᄒᆞ니上負乾坤之造로다猶且强親藥石ᄒᆞ

賀雨表

韓愈

臣某는言臣은聞聖人之德은與天地通ᄒᆞ야誠發於中ᄒᆞ면事應於外
라ᄒᆞ더니始聞其語ᄒᆞ고今見其眞이로다臣이誠歡誠喜ᄒᆞ야頓首頓
首伏以季夏以來로雨澤不降이라臣이職司京邑ᄒᆞ야祈禱實頻이나
靑天湛然ᄒᆞ야旱氣轉甚ᄒᆞ더니陛下ㅣ悶茲黎庶ᄒᆞ사有事山川이샷
다中使ㅣ纔出於九門ᄒᆞ니陰雲이已垂於四野로다龍神效職ᄒᆞ야雷
雨應期로다嘉穀奮興ᄒᆞ니根葉肥潤이로다抽莖展穗ᄒᆞ야不失時宜
로다人和年豐ᄒᆞ니莫大之慶이로다微臣이幸蒙寵任ᄒᆞ야獲覩殊祥
ᄒᆞ니慶抃歡呼ㅣ倍於常品이로다無任踴躍之至ᄒᆞ야謹奉表陳賀以
聞ᄒᆞ노이다

遺表

遺表

范純仁

臣은聞生也有涯라難逃定數ᄒᆞ고死之將至라願畢餘忠이로다輒留

이랏다

謝表

謝賜鞍馬表

李綱

臣綱은言伏蒙聖恩ᄒᆞ와特降中使ᄒᆞ사賜臣馬二疋ᄒᆞ시며金鍍銀閙裝紫繡鞍轡一副와烏銀裝蕃鞍一副者ᄒᆞ사使命來臨ᄒᆞ니天威在望이로다申遣左璫之重ᄒᆞ시며載頒內廐之良이로다佩服恩榮ᄒᆞ니祗深慚懼로다(中謝)恭惟皇帝陛下ᄂᆞᆫ端一心而觀萬化ᄒᆞ시며操八柄以馭羣臣이샷다念其驅馳之勞ᄒᆞ사錫以騈蕃之寵이로다壯元戎之十乘ᄒᆞ야解左服之兩驂이로다偉然神駿之姿로被以連乾之飾ᄒᆞ니臣이敢不仰承睿眷ᄒᆞ와俯罄愚忠이리잇가誓不與賊以偕存이라願雖捐軀而何惜이리오餘齡이尙在ᄒᆞ니雖無據鞍矍鑠之姿나將命이不愆ᄒᆞ니或遂攬轡澄淸之志로다

賀表

然獨處라世俗之民이又安知臣之所爲哉릿가

謝

謝罪　　衛太叔文子

臣知罪矣니다臣은不佞ᄒᆞ야不能負羈絏ᄒᆞ야以從扞牧圉ᄒᆞ니臣之罪ㅣ一也오有出者ᄒᆞ고有居者어늘臣이不能貳通內外之言ᄒᆞ야以事君ᄒᆞ니臣之罪ㅣ二也라有二罪ᄒᆞ고敢忘其死릿가

辭(사양)

辭邑　　衛公孫免餘

惟卿이라아備百邑ᄒᆞ며臣六十矣니下有上祿은亂也라臣不敢聞이니다且寗子ᄂᆞᆫ惟多邑故로死ᄒᆞ니臣은懼死之速及也ᄒᆞ노이다

美

美傳說進戒　　尙書

王曰旨哉라說아乃言이惟服이로다乃不良于言이런들予罔聞于行

對

對楚王問

宋 玉

楚襄王이問於宋玉曰先生이其有遺行歟아何士民衆庶不譽之甚也오宋玉이對曰唯라然有之ㅎ니願大王은寬其罪ㅎ사使得畢其辭ㅎ소셔客有歌於郢中者ㅎ니其始曰下里巴人이라國中이屬而和者ㅣ數千人이더니其爲陽阿薤露의國中이屬而和者ㅣ數百人이오其爲陽春白雪ㅎ얀國中이屬而和者ㅣ不過數十人이오引商刻羽ㅎ며雜以流徵ㅎ니國中이屬而和者ㅣ不過數人而已러라是는其曲이彌高의其和彌寡로다故로鳥有鳳而魚有鯤이라鳳凰은上擊九千里ㅎ야絶雲霓ㅎ고負蒼天ㅎ야足亂浮雲히翱翔乎杳冥之上ㅎ니夫蕃籬之鷃이豈能與之料天地之高哉아鯤魚는朝發崑崙之墟ㅎ야曝鬐於碣石ㅎ고暮宿於孟諸ㅎ니夫尺澤之鯢ㅣ豈能與之量江海之大哉아故非獨鳥有鳳而魚有鯤也라士亦有之ㅎ니라夫聖人은瑰意琦行이超

齊楚之精英이幾歲幾年고取掠其人이倚疊如山ᄒᆞ니一旦不能有輸
來其間이로다鼎鐺玉石과金塊珠礫을棄擲邐迤호ᄃᆡ秦人은視之의
亦不甚惜이러라嗟乎一人之心이千萬人之心也라秦愛紛奢ᄒᆞ면人
亦念其家어ᄂᆞᆯ奈何取之盡錙銖ᄒᆞ야用之如泥沙오使負棟之柱로多
於南畝之農夫ᄒᆞ며架樑之椽으로多於機上之工女로다釘頭磷磷은
多於在庾之粟粒ᄒᆞ고瓦縫參差ᄂᆞᆫ多於周身之帛縷로다直欄橫檻은
多於九土之城郭ᄒᆞ고管絃嘔啞ᄂᆞᆫ多於市人之言語로다使天下之人
으로不敢言而敢怒ᄒᆞ니獨夫之心이日益驕固로다戍卒叫ᄒᆞ니函谷
擧로다楚人一炬에可憐焦土로다○嗚乎라滅六國者ᄂᆞᆫ六國也오非
秦也며族秦者ᄂᆞᆫ秦也오非天下也로다嗟夫使六國으로各愛其人이
면則足以拒秦이오秦復愛六國之人이면則遞三世ᄒᆞ야可至萬世而
爲君이라誰得而族滅也리오◎秦人이不暇自哀ᄒᆞ고而後人이哀之
ᄒᆞ니後人이哀之오而不鑑之ᄒᆞ면亦使後人而復哀後人也로다

ᄒᆞ니故雖和而不悲라或奔放以諧合ᄒᆞ고務嘈囋而妖冶라徒悅目而偶俗ᄒᆞ고固高聲而曲下라瘖防露與桑間ᄒᆞ니又誰悲而不雅오或清虛以婉約ᄒᆞ니每除煩而去濫이라闕大羹之遺味ᄒᆞ면同朱絃之清氾이라雖一唱而三歎이나固既雅而不艶이라若夫豐約之裁와俯仰之形은固宜適變이나曲有微情이로다或言拙而喩巧ᄒᆞ고或理朴而辭輕이라或襲故而彌新ᄒᆞ고或沿濁而更清이라或覽之而必察ᄒᆞ고或研之而後精이라譬猶舞者赴節以投袂ᄒᆞ고歌者應絃而遣聲이라是蓋輪扁所不得言이라故亦非華說之所能精이로다普辭條與文律은良余膺之所服이라練世情之常尤ᄒᆞ야識前修之所淑이라雖濬發於巧心이나或受歎於拙目이라彼瓊敷與玉藻ᄂᆞᆫ若中原之有菽이라同槖籥之罔窮ᄒᆞ니與天地乎並育이라雖紛藹於此世나嗟不盈於余掬이라患挈缾之屢空ᄒᆞ니病昌言之難屬이라故踸踔於短韻ᄒᆞ고放庸音而足曲이라恒遺恨以終篇ᄒᆞ니豈懷盈而自足가懼蒙塵於叩缶ᄒᆞ

意不指適이라極無兩致오盡不可益이라立片言而居要ᄒᆞ니乃一篇之警策이라雖衆辭之有條나必待玆而效績이라亮功多而累寡ᄒᆞ니故取足而不易이라或藻思綺合이오淸麗千眠이라炳若縟繡ᄒᆞ고悽若繁絃이라必所擬之不殊는乃闇合乎曩篇이라雖杼軸於余懷나怵他人之我先이라苟傷廉而愆義ᄒᆞ면亦雖愛而必損이라或苕發穎竪ᄒᆞ고離衆絶致라形不可追오響難爲係로다塊孤立而特峙ᄒᆞ니非常音之所緯로다心牢落而無偶ᄒᆞ고意徘徊而不能揥라石韞玉而山輝ᄒᆞ고水懷珠而川媚라彼榛楛之勿翦ᄒᆞ라亦蒙榮於翡翠라綴下里於白雪ᄒᆞ니吾亦濟夫所偉라或託言於短韻ᄒᆞ고對窮迹而孤興이라俯寂寞而無友ᄒᆞ고仰寥廓而莫承이라譬偏絃之獨張ᄒᆞ며含淸唱而靡應이라或寄辭於瘁音ᄒᆞ니言徒靡而弗華라混姸媸而成體ᄒᆞ고累良質而爲瑕라象下管之偏疾ᄒᆞ니故雖應而不和라或遺理以存異ᄒᆞ고徒尋虛而逐微라言寡情而鮮愛ᄒᆞ면辭浮漂而不歸라猶絃么而徽急

深而不讓이라雖離方而遯圓이나既窮形而盡相이라故夫夸目者는尙奢ᄒᆞ고愜心者는貴當이로다言窮者는無隘ᄒᆞ고論達者는唯曠이로다詩緣情而綺靡ᄒᆞ고賦體物而瀏亮이라碑披文以相質ᄒᆞ고誄纏綿而悽愴이라銘博約而溫潤ᄒᆞ고箴頓挫而淸壯이라頌優游以彬蔚ᄒᆞ고論精微而朗暢이라奏平徹以閑雅ᄒᆞ고說煒曄而譎誑이라雖區分之在茲나亦禁邪而制放이라要辭達而理擧라故無取乎冗長이로다其爲物也多姿ᄒᆞ고其爲體也屢遷이라其會意也尙巧ᄒᆞ고其遣言也貴姸이라曁音聲之迭代ᄒᆞ야若五色之相宣이라雖逝止之無常이나固崎錡而難便이라苟達變以識次ᄒᆞ고猶開流以納泉이라如失機而後會ᄒᆞ야恒操末以續顚이라謬元黃之秩敘라故淟涊而不鮮이라或仰逼於先條ᄒᆞ고或俯侵於後章이라或辭害而理比ᄒᆞ고或言順而意妨이라離之則雙美ᄒᆞ고合之則兩傷이라考殿最於錙銖ᄒᆞ고定去留於毫芒이라苟銓衡之所裁에는固應繩其必當이라或文繁理富나而

고撫四海於一瞬이라然後에選義按部ᄒᆞ고考辭就班ᄒᆞ니抱景者咸叩ᄒᆞ고懷響者畢彈이로다或因枝以振葉ᄒᆞ고或沿波而討源이라或本隱以之顯ᄒᆞ고或求易而得難이라或虎變而獸擾ᄒᆞ고或龍見而鳥瀾이라或妥帖而易施ᄒᆞ고或岨峿而不安이라罄澄心以凝思ᄒᆞ고眇衆慮而爲言이라籠天地於形內ᄒᆞ고挫萬物於筆端이라始躑躅於燥吻타가終流離於濡翰이라理扶質以立幹ᄒᆞ고文垂條以結繁이라信情貌之不差라故每變而在顔이라思涉樂其必笑ᄒᆞ고方言哀而已歎이라或操觚以率爾ᄒᆞ고或含毫而邈然이라伊玆事之可樂이라固聖賢之所欽이로다課虛無而責有ᄒᆞ고叩寂寞而求音이로다函綿邈於尺素ᄒᆞ고吐滂沛乎寸心이로다言恢之而彌廣ᄒᆞ고思按之而逾深이로다播芳蕤之馥馥ᄒᆞ고發青條之森森이라粲風飛而猋竪ᄒᆞ고鬱雲起乎翰林이라體有萬殊ᄒᆞ고物無一量이라紛紜揮霍ᄒᆞ니形難爲狀이라辭程才以效技ᄒᆞ고意司契而爲匠이라在有無而僶俛ᄒᆞ고當淺

由ᄒᆞ니他日에殆可謂曲盡其妙라도至於操斧伐柯ᄒᆞ야ᄂᆞᆫ雖取則不遠이로다若夫隨手之變ᄒᆞ야ᄂᆞᆫ良難以辭逮라盖所能言者ᄂᆞᆫ具於此云

佇中區以元覽ᄒᆞ니頤情志於典墳이라遵四時以歎逝ᄒᆞ고瞻萬物而思紛이라悲落葉於勁秋ᄒᆞ고喜柔條於芳春이라心懍々而懷霜ᄒᆞ고志眇眇而臨雲이라詠世德之駿烈ᄒᆞ고誦先人之清芬이라游文章之林府ᄒᆞ야嘉麗藻之彬彬이라慨投篇而援筆ᄒᆞ고聊且之於斯文이라其始也인皆收視反聽ᄒᆞ며耽思傍訊이로다情鶩八極ᄒᆞ고心遊萬仞이러니其致也인情曈曨而彌鮮ᄒᆞ고物昭晣而互進이로다傾羣言之瀝液ᄒᆞ고漱六藝之芳潤이라浮天淵以安流ᄒᆞ고濯下泉而潛浸이로다於是에沈辭ᄂᆞᆫ怫悅ᄒᆞ야若游魚銜鉤而出重淵之深ᄒᆞ며浮藻ᄂᆞᆫ聯翩ᄒᆞ야若翰鳥纓繳而墜曾雲之峻이로다收百世之闕文ᄒᆞ고採千載之遺韻이라謝朝華於已披ᄒᆞ고啓夕秀於未振이라觀古今之須臾ᄒᆞ

禮라ᄒᆞ야霍氏世世ㅣ亡所患苦어늘今朝廷에不聞直聲而令明詔로
自親其文ᄒᆞ니非策之得者也ㅣ로다今兩侯以出은人情不相遠이나以
臣心度之ᄒᆞ면大司馬及其枝屬이必有畏懼之心ᄒᆞ리니夫近臣自危
ᄂᆞᆫ非完計也ㅣ로다臣敞은願於廣朝에白發其端이나直守遠郡ᄒᆞ야其
路亡由라夫心之精微ᄅᆞᆯ口不能言也ᄒᆞ며言之微眇ᄅᆞᆯ書不能文也ㅣ로
다故伊尹이五就桀五就湯ᄒᆞ고蕭相國이薦淮陰의累歲乃得通이어
ᄃᆞᆫ況乎千里之外에因書文論事指哉아惟陛下ᄂᆞᆫ省察ᄒᆞ소셔

賦

文賦 陸機

余ㅣ每觀才士之所作의竊有以得其心ᄒᆞ니夫放言遣辭에良多
變矣로다姸媸好意ᄅᆞᆯ可得而言일ᄉᆡ每自屬文ᄒᆞ야尤見其情이
로다恒患意不稱物ᄒᆞ고文不逮意ᄒᆞ니蓋非知之難이라能之難
也로다故作文賦ᄒᆞ야以述先士之盛藻ᄒᆞ고因論作文之利害所

臣은聞公子季友ㅣ有功於魯ᄒᆞ고大夫趙衰에有功於晉ᄒᆞ고大夫田完이有功於齊ᄒᆞ니皆疇其爵邑ᄒᆞ야延及子孫이러니終後田氏簒齊ᄒᆞ고趙氏分晋ᄒᆞ고季氏顓魯로다故로仲尼作春秋ᄒᆞ야迹盛衰에譏世卿이最甚이로다乃者大將軍이決大計ᄒᆞ야安宗廟ᄒᆞ고建天下ᄒᆞ니功亦不細矣라夫周公은七年耳어ᄂᆞᆯ而大將軍은二十歲에海內之命을斷於掌握ᄒᆞ니方其隆時엔感動天地ᄒᆞ고侵迫陰陽이로다月朓日蝕ᄒᆞ고晝暝宵光ᄒᆞ며地大震裂ᄒᆞ야火生地中ᄒᆞ고天文失度ᄒᆞ야妖祥變怪ㅣ不可勝記ᄒᆞ니皆陰類盛長ᄒᆞ야臣下專制之所生也로다朝臣이宜有明言曰陛下ㅣ褒寵故大將軍ᄒᆞ사以報功德이足矣어ᄂᆞᆯ間者輔臣專政ᄒᆞ고貴戚이太盛ᄒᆞ야君臣之分이不明ᄒᆞ니請罷霍氏三侯ᄒᆞ야皆就第ᄒᆞ며及衛將軍張安世ᄒᆡ宜賜几杖歸休ᄒᆞ야時存問ᄒᆞ고召見以列侯ᄒᆞ야爲天子師ᄒᆞ며明詔以恩不聽ᄒᆞ고羣臣以義固爭而後許ᄒᆞ시면天下ㅣ必以陛下로爲不亡功德ᄒᆞ며而朝臣이爲知

ᄒᆞ야緣陪陵舊義ᄒᆞ야自表營洛陽城東首陽之南ᄒᆞ야爲將來兆域ᄒᆞ니而所得地中에有小山ᄒᆞ니上無舊塚이오其高顯이雖未足比邢山이나然東奉二陵ᄒᆞ고西瞻宮闕ᄒᆞ고南觀伊洛ᄒᆞ고北望夷齊ᄒᆞ야曠然遠覽ᄒᆞ니情之所安也라故로遂表樹開道ᄒᆞ야爲一定之制ᄒᆞ고至時에皆用洛水圓石ᄒᆞ야開隧道南向ᄒᆞ니儀制를取法於鄭大夫ᄂᆞᆫ欲以儉自完耳라棺器小斂之事ᄂᆞᆫ皆當稱此ᄒᆞ라

批荅

批荅張九齡賀誅奚賊可突干

唐玄宗

用兵之上者ᄂᆞᆫ修政於廟堂ᄒᆞ야折衝千里之外ㅣ此之謂也로다小寇適降이라가復爲翻動이라邊軍除翦은國有常刑일ᄉᆡ朕이方事籍田而今獻捷ᄒᆞ니當鑄劒戟ᄒᆞ야以爲農器也ᄒᆞ라

封事

言霍氏封事

張敞

令

遺令 杜預

古不合葬은明於終始之理ᄒᆞ야同於無有也러니中古聖人이改而合之ᄒᆞ니蓋以別合無在ᄒᆞ야更緣生以示教也로다自此以來로大人君子ㅣ或合或否ᄒᆞ니未能知生이어든安能知死리오故各以己意所欲也로다吾仕爲臺郎ᄒᆞ야嘗以公事로使過密縣之邢山ᄒᆞ니山上有塚이라問耕父ᄒᆞ니云是鄭大夫祭仲이라ᄒᆞ고或云子產之塚也라ᄒᆞ더라遂率從者ᄒᆞ고祭而觀焉ᄒᆞ니其造塚이居山之頂ᄒᆞ야四望周達ᄒᆞ니連山體南北之正而邪東北ᄒᆞ야向新鄭城은不忘本也오其隧道ᄂᆞᆫ惟塞其後而空其前ᄒᆞ야不塡之ᄂᆞᆫ示藏無珍寶ᄒᆞ야不取於重深也오山多美石이나不用ᄒᆞ고必集洧水自然之石ᄒᆞ야以爲塚藏은貴不勞功巧而此石이不入世用也러라君子ᄂᆞᆫ尚有其情ᄒᆞ고小人은無利可動ᄒᆞ야歷千載無毁ᄂᆞᆫ儉之致也로다吾ㅣ去春入朝라가因郭氏喪亾

房은道亞黃中ᄒᆞ야照隣殆庶로다風雲元感ᄒᆞ야蔚爲帝師로다夷項定漢ᄒᆞ야大拯横流로다固已深軌伊望ᄒᆞ니冠德如仁이로다若乃神交圯上ᄒᆞ며道契商雒ᄒᆞ야ᄂᆞᆫ顯默之際에窅然難究ᄒᆞ며淵流浩瀁ᄒᆞ야莫測其端矣로다塗次舊沛ᄒᆞ야佇駕留城이라靈廟荒頓ᄒᆞ야遺像이陳昧로다撫跡懷人ᄒᆞ니永歎實深ᄒᆞ라過大梁者ᄂᆞᆫ或佇想於夷門ᄒᆞ고游九原者ᄂᆞᆫ亦流連於隨會라ᄒᆞ니擬之若人에亦足以云이로다可改搆棟宇ᄒᆞ고修飾丹青ᄒᆞ야蘋蘩行潦로以時致薦이로다抒懷古之情ᄒᆞ야存不刊之烈ᄒᆞ노니主者施行ᄒᆞ라

命

舜命夔　　　　尙書

夔아命汝典樂ᄒᆞ노니教冑子호ᄃᆡ直而溫ᄒᆞ며寬而栗ᄒᆞ며剛而無虐ᄒᆞ며簡而無傲케ᄒᆞ라詩ᄂᆞᆫ言志ᄒᆞ고歌ᄂᆞᆫ永言ᄒᆞ니聲依永ᄒᆞ고律和聲ᄒᆞ야八音이克諧ᄒᆞ야無相奪倫이라사神人以和ᄒᆞ리라

夫不吐剛而詔上ᄒᆞ며不茹柔而黷下者ᄂᆞᆫ君子之事也오踐霤必繩ᄒᆞ며登車無屈者ᄂᆞᆫ正人之務也」로다長安縣令李朝隱이德義不回ᄒᆞ고淸强自遂ᄒᆞ야亟聞嘉政ᄒᆞ고累著能名」이로다近者品官入縣에有乖儀式ᄒᆞ니誰能責之以禮며繩之以愆이리오但閹豎之流ᄂᆞᆫ多有憑恃ᄒᆞ야柔寬之代엔必弄威權이로다歷觀載籍의常所歎息일셰朕이規誡前古ᄒᆞ고勤求典憲에能副朕意ᄂᆞᆫ實賴斯人」이로다昔虞廷이持皇后之客ᄒᆞ고梅陶ㅣ鞭太子之傅ᄒᆞ야古稱遺直이러니復見于今」ᄒᆞ니思欲旌其美行ᄒᆞ고遷以重職이나爲時屬閱戶ᄒᆞ야政在養人이라宜加一階ᄒᆞ야用表剛烈ᄒᆞ니可太中大夫오特賜中上考兼絹百匹ᄒᆞ고七遷絳州刺史兼吏部選事ᄒᆞ라

敎

爲宋公修張良廟敎　　傅亮

紀綱夫盛德不泯이면義存祀典이니微管之歎이撫事良深」ᄒᆞ라張子

屈原이既放의游於江潭ᄒᆞ야行吟澤畔ᄒᆞᆯᄉᆡ顔色憔悴ᄒᆞ고形容枯槁러라□漁夫ㅣ見而問之曰子非三閭大夫歟아何故至於斯오屈原曰擧世皆濁이어ᄂᆞᆯ我獨淸ᄒᆞ고衆人皆醉어ᄂᆞᆯ我獨醒이라是以見放호라漁父曰聖人은不凝滯於物而能與世推移ᄒᆞᄂᆞ니世人이皆濁이어든何不淈其泥而揚其波ᄒᆞ며衆人이皆醉어든何不餔其糟而啜其釃ᄒᆞ고何故深思高擧ᄒᆞ야自令放爲오◯屈原曰吾聞之호니新沐者ᄂᆞᆫ必彈冠ᄒᆞ고新浴者ᄂᆞᆫ必振衣라安能以身之察察로受物之汶汶者乎아寧赴湘流ᄒᆞ야葬於江魚之腹中이언뎡安能以皓皓之白으로而蒙世俗之塵埃乎아◎漁父ㅣ莞爾而笑ᄒᆞ고鼓枻而去ᄒᆞ며乃歌曰滄浪之水ㅣ淸兮여可以濯吾纓이오滄浪之水ㅣ濁兮여可以濯吾足이로다遂去不復與言이러라

制

褒美李朝隱制　　唐 睿宗

로다夫春秋之所以諱者ᄂᆞᆫ惡也니納諫이豈惡乎아然則焚藁者ㅣ非歟아曰焚稿者ㅣ誰歟아非伊尹周公이爲之也라近世取區區之小亮者ㅣ爲之耳니其事ㅣ又未是也로다何則고以焚其稿爲掩君之過라ᄒᆞ야而使後世傳之ᄒᆞ면則是ᄂᆞᆫ使後世로不見稿之是非ᄒᆞ고而必其過ㅣ常在於君ᄒᆞ고美常在於己也니豈愛其君之謂歟아孔光之去其稿之所言이其在正邪엔未可知也라ᄒᆞ고而焚之而惑後世ᄒᆞ니庸詎之非謀己之姦計乎아或曰造辟而言과詭辭而出은異乎此라ᄒᆞ나曰此非聖人之所曾言也라今萬一有是理ᄒᆞ면亦謂君臣之間議論之際에不欲漏其言於一時之人耳라豈杜其告萬世也리오◎噫라以誠信待己로而事其君ᄒᆞ고而不欺乎萬世者ᄂᆞᆫ鄭公也로다益知其賢云이豈非然哉아豈非然哉아

辭

漁父辭 屈原

此其不可者也오又有甚不可者ᄂᆞᆫ夫以諫諍爲當掩이니是ᄂᆞᆫ以諫諍爲非美也로다則後世에誰復當諫諍乎아況前代之君이有納諫之美而後世不見이면則非惟失一時之公이라又將使後世之君으로謂前代無諫諍之事라ᄒᆞ리니是ᄂᆞᆫ啓其怠且忌矣로다太宗末年에羣下ㅣ旣知此意而不言ᄒᆞ야漸不知天下之得失ᄒᆞ야至於遼東之敗而始恨鄭公不在ᄒᆞ니世未嘗知其悔之萠芽ㅣ出於此也로다○夫伊尹周公은何如人也오伊尹周公之切諫其君者ᄂᆞᆫ其言이至深而其事至迫이로ᄃᆡ存之於書ᄒᆞ야未嘗掩焉이라至今稱太甲成王이爲賢君而伊尹周公이爲良相者ᄂᆞᆫ以其書可見也니令當時削而棄之ᄒᆞ야成區區之小讓이런ᄃᆞᆫ則後世에何所據依而諫이며又何以知其賢且良歟아桀紂幽厲始皇之亾엔則其臣之諫詞ㅣ無見焉ᄒᆞ니非其史之遺라乃天下ㅣ不敢言而然也로다則諫諍之無傳은乃此數君之所以益暴其惡於後世而已矣ㅣㄴ뎌或曰春秋之法에爲尊親賢者諱라ᄒᆞ니與此違矣

由三川守ㅣ與賊通ᄒᆞ야按驗具有狀이라君其告諸廷尉ᄒᆞ라李斯ㅣ覽書涕泣良久에仰天喟然歎曰嗟乎斯之死ㅣ固晩矣로다遂服辭ᄒᆞ니論具五刑ᄒᆞ야腰斬咸陽市ᄒᆞ다

書後

書魏鄭公傳後

曾鞏

予觀太宗이常屈己以從羣臣之議ᄒᆞ니而魏鄭公之徒ㅣ喜遭其時ᄒᆞ야感知己之遇ᄒᆞ고事之大小를無不諫諍ᄒᆞ니雖其忠誠이自至나亦得君而然也라則思唐之所以治에太宗之所以稱賢主而前世之君不及者는其淵源이皆出於此也오能知其有此者는以其書存也로다□及觀鄭公이以諫諍事로付史官의而太宗이怒之ᄒᆞ야薄其恩禮ᄒᆞ야失終始之義ᄒᆞ얀則未嘗不反覆嗟惜ᄒᆞ야恨其不思而益知鄭公之賢焉이라ᄒᆞ니夫君之使臣과與臣之事君者ㅣ何오大公至正之道而已矣니大公至正之道는非滅人言以掩己過ᄒᆞ며取小亮以私其君이면

丞相이乃曰堯禹ㅣ以身殉天下ᄒᆞ니是奚足法이리오法之면是ᄂᆞᆫ以天下爲桎梏者也라ᄒᆞ니丞相이不欲朕爲堯舜則欲爲桀紂耶아夫讒賊者ᄂᆞᆫ不可與共國이오阿比者ᄂᆞᆫ不足以存君이니丞相이侍始皇帝라始皇帝ㅣ夫聽惑左右ᄒᆞ야窮兵瀆武ᄒᆞ야殫天下之財ᄒᆞ야勤事四夷ᄒᆞ야外內騷動ᄒᆞᄃᆡ丞相이弗止也ㅣ며既戡六王이丞相이不以此時强諫ᄒᆞ야按甲息戈ᄒᆞ야振百性之急ᄒᆞ고乃言治馳道興游觀ᄒᆞ야以見主之得意로勸爲己有ㅣ抑末矣로다且前數事ᄅᆞᆯ孰與丞相所自陳가丞相이何愛瑣瑣之迹而輕夫赫赫者也오夫闢地顯主ᄒᆞ야循尺寸取功名者ᄂᆞᆫ將之事也오鎭國家ᄒᆞ야調變陰陽ᄒᆞ며揖和其人民ᄒᆞ야使人人親其主上ᄒᆞ야以顯帝大業은相之職也어ᄂᆞᆯ且丞相은將邪아相邪아丞相이治民三十餘年於玆矣라始皇帝ㅣ背羣臣未久에關東盜賊이大起ᄒᆞ야殺長吏ᄒᆞ며攻陷城邑ᄒᆞ고列幟而鬪ᄒᆞ며揭竿而兵者ㅣ至不可勝數라使者冠蓋ㅣ相望於道ᄒᆞ니其咎安在오丞相子、

戲擬趙高荅李斯書

李夢陽

二世使中車府令高로按丞相斯獄治罪홀ᄉᆡ李斯ㅣ乃從獄中上書ᄒᆞ야陳七事ᄒᆞ니趙高ㅣ使吏棄去不奏ᄒᆞ고曰囚安得上書ㅣ아乃高ㅣ詐爲二世荅書ᄒᆞ야遺斯ㅣ曰覽丞相事ᄒᆞ니辭甚懇이라朕이竊恠丞相이忘其大而掇乎細ᄒᆞ야拾毛瑣之行而捐夫赫赫者ᄒᆞ니朕甚惑焉호라先王이幸哀憐黔首ᄒᆞ야立詩書仁義之敎ᄒᆞ니所以惠來世甚厚어ᄂᆞᆯ丞相이固誦習其說己ᄒᆞ고乃立議盡焚之ᄒᆞ니夫詩書ㅣ何惡於丞相哉아諸生之坑咸陽也에朕自有識ᄒᆞ야如聞此事ᄒᆞ고未嘗不腐心而切齒者ᄂᆞᆫ丞相이縱不與謀나獨不能強諫耶아朕이旣與丞相訣ᄒᆞ니何敢卒諱ㅣ오沙丘之事ㅣ出自朕本心與否ᄂᆞᆫ丞相所明也로다大行喪未發ᄒᆞ야輒背自立ᄒᆞ고又矯吾親屬及大臣荼毒之ᄒᆞ니朕口雖不言이나於心에獨無恥乎ㅣ아一詔一令이無不自丞相手出ᄒᆞ니丞相이爲朕則得矣어니와如先王에何에如天下에何ㅣ오往以私議于丞相ᄒᆞᆫᄃᆡ

年에又來京師ᄒᆞ니而昌言이官兩制라가乃爲天子ᄒᆞ야出使萬里之
外强悍不屈之虜庭ᄒᆞᆯ식建大旆ᄒᆞ고從騎數百이오送車千乘이라出
都門이意氣慨然이러라自思爲兒時見昌言先府君傍에安知其至此
라오富貴ᄂᆞᆫ不足恠오吾於昌言에獨自有感也로다大丈夫ㅣ生不爲
將이어든得爲使ᄒᆞ야折衝口舌之間이足矣로다往年彭任이從富公
使還ᄒᆞ야爲我言曰旣出境宿驛亭에聞介馬數萬騎馳過ᄒᆞ며釼槊相
摩ᄒᆞ야終夜有聲ᄒᆞ고從者ㅣ怛然失色이러니及明에視道上馬跡ᄒᆞ
고尙心掉不自禁이로다凡虜所以誇耀中國者ㅣ多此類어ᄂᆞᆯ中國之
人이不測也故로或至於震懼而失辭ᄒᆞ야以爲夷狄笑라ᄒᆞ니嗚乎라
何其不思之甚也오昔者奉春君이使冒頓에壯士健馬ㅣ皆匿不見이
라是以有平城之役ᄒᆞ니今之匈奴ᄂᆞᆫ吾知其無能爲也로라孟子曰說
大人則藐之라ᄒᆞ니況於夷狄이리오請以爲贈ᄒᆞ노라

擬

十年也로다閱其辭翰ᄒᆞ고一爲泫然ᄒᆞ야遂軸而藏之ᄒᆞ니熙寧三年
五月十三日

引

送石昌言爲北使引　蘇洵

昌言이擧進士時에吾始數歲未學也라憶與羣兒로戲先府君側이러니昌言이從旁取棗栗啖我ᄒᆞ며家居相近ᄒᆞ고又以親戚故로甚狎이러라昌言은擧進士日有名ᄒᆞ고吾後漸長ᄒᆞ야亦稍知讀書ᄒᆞ야學句讀ᄒᆞ며屬對聲律이라가未成而廢ᄒᆞ니昌言이聞吾廢學ᄒᆞ고雖不言이나察其意甚恨이러니後十餘年에昌言이及第ᄒᆞ니第四人이러라守官四方ᄒᆞ야不相聞ᄒᆞ고吾ㅣ日以壯大ᄒᆞ야乃能感悟ᄒᆞ고摧折復學이러니後數年에遊京師라가見昌言長安ᄒᆞ고相與勞問如平生歡ᄒᆞ며出文十數首ᄒᆞ니昌言이甚喜稱善이러라吾ㅣ晚學無師ᄒᆞ야雖日爲文이나中心自慙이러니及聞昌言說ᄒᆞ고乃頗自喜로다今十餘

惟德은動天이라無遠弗屆ᄒᆞ나니滿招損ᄒᆞ고謙受益이是乃天道ㅣ니라帝(指舜)初于歷山에往于田ᄒᆞ야日號泣于旻天과于父母ᄒᆞ사負罪引慝ᄒᆞ사祗載見瞽瞍ᄒᆞ사ᄃᆡ夔夔齊慄ᄒᆞ신ᄃᆡ瞽亦允若ᄒᆞ니至誠은感神이온矧玆有苗ᄯᆞ녀

蕭相國世家贊　司馬遷

蕭相國何ㅣ於秦時爲刀筆吏ᄒᆞ야碌碌未有奇節이러니及漢興에依日月之末光ᄒᆞ야何ㅣ謹守管籥ᄒᆞ야因民之疾ᄒᆞ며奉法順流ᄒᆞ야與之更始ᄒᆞ고淮陰黥布等은皆以誅滅이로ᄃᆡ而何之勳이爛焉ᄒᆞ야位冠羣臣ᄒᆞ고聲施後世ᄒᆞ야與閎夭散宜生等爭烈矣로다

跋

跋醉翁吟　歐陽脩

余以至和二年에奉使契丹이러니明年에改元嘉祐라與聖俞作此詩ᄒᆞ다後五年에聖俞卒ᄒᆞ니作詩迨今十有五年矣오而聖俞之亡에亦

矜矜ᄒᆞ면福所以興이로다靖恭自思ᄒᆞ면榮顯所期」니라女史司箴ᄒᆞ야敢告庶姬ᄒᆞ노라

銘

量銘 量人

時文思索ᄒᆞ니允臻其極이로다嘉量旣成ᄒᆞ니以觀四國」이로다永繼厥後ᄒᆞ야玆器維則ᄒᆞ라

鼎銘 考父

一命而僂ᄒᆞ고再命而傴ᄒᆞ고三命而俯ᄒᆞ고循墻而走라도亦莫余敢侮」로다饘於是ᄒᆞ고鬻於是ᄒᆞ야以糊余口로다

盤銘 殷湯

德日新이어든日日新ᄒᆞ고又日新ᄒᆞ라

贊

禹贊 益

로다樊姬感莊ᄒᆞ야不食鮮禽ᄒᆞ고衛女矯桓ᄒᆞ야耳忘和音이로다志
厲義高ᄒᆞ니而二主易心이로다元熊攀檻에馮媛趨進ᄒᆞ니夫豈無畏
리오知死不怯이로다班妾有辭ᄒᆞ야割驩同輦ᄒᆞ니夫豈不懷리오防
微慮遠이로다道罔隆而不殺ᄒᆞ고物無成而不衰로다日中則昃ᄒᆞ고
月滿則微로다崇猶塵積ᄒᆞ고替若駭機로다人咸知飾其容이어ᄂᆞᆯ而
莫知飾其性이로다性之不飾은或愆禮正이로다斧之藻之ᄒᆞ야克念
作聖이로다出其言善ᄒᆞ니千里應之로다苟違斯義면則同衾以疑로
다夫出言如微ᄒᆞ니而榮辱由茲로다勿謂幽昧ᄒᆞ라靈監無象이로다
勿謂元漠ᄒᆞ라神聽無響이로다無矜爾榮ᄒᆞ라天道惡盈이로다無恃
爾貴ᄒᆞ라隆隆者墜로다監于小星ᄒᆞ니戒彼攸遂로다比心螽斯ᄒᆞ니
則繁爾類로다歡不可以獨이오寵不可以專이로다專實生慢ᄒᆞ고愛
極則遷이로다致盈必損은理有固然이라美者自美ᄒᆞ면翩以取尤로
다冶容求好ᄂᆞᆫ君子所讎니라結恩而絶이職此之由로다故로曰翼翼

蜀人蘇軾子瞻이南遷홀서幼子過로同遊壽聖寺라가遇隱者石君汝礪器之ᄒᆞ야話羅浮之勝ᄒᆞ고至暮迺去ᄒᆞ다

偈

見性成佛偈

僧 惠能

菩提本無樹 明鏡亦非臺 本來無一物 何處惹塵埃

仝題

仝 神秀

身是菩提樹 心如明鏡臺 時時勤拂拭 勿使惹塵埃

箴

女史箴

張華

茫茫造化여二儀既分이로다散氣流形ᄒᆞ니既淘既甄이로다在帝庖羲ᄒᆞ야肇經天人이로다爰始夫婦ᄒᆞ야以及君臣이로다家道以正ᄒᆞ니王猷有倫이로다婦德尙柔ᄒᆞ니含章貞吉이로다婉嫕淑愼ᄒᆞ니正位居室이로다施衿結褵ᄒᆞ야虔恭中饋로다肅愼爾儀ᄒᆞ니式瞻淸懿

蓮而體艶ᄒᆞ야瓊柯瑤蕚이映照臙暱로다與青姫素娥로爭姸鬪妹於緋衰碧朽之外ᄒᆞ야殆將絶凡卉而上與淸虛府仙樹者로京ᄒᆞ니是宜婢娟佳麗ㅣ合肺契腑ᄒᆞ야忘形而神交也로다然이나自唐妃宋主之後로塵語土目이不知梅ㅣ久矣로다◯今某仙標國色이爲花林錦陣冠ᄒᆞ야自以愛梅稱ᄒᆞ고倩其所從來ᄒᆞ야白予ᄒᆞᄃᆡ君與梅로嘗擷芳偎馨ᄒᆞ니知其臭味라願文之라ᄒᆞ니◎嗚呼噫嘻라予因其號而玩其人ᄒᆞ니豈壽陽之後身乎아江孃之復出乎아羅浮氏之再降乎아人之爲花乎아花之爲人乎아一乎아二乎아予皆不得知也로다雖然이나以人視梅ᄒᆞ니其態其格과其姿色其香味ㅣ蓋莫知甲乙이로ᄃᆡ至於多情鮮語ᄒᆞ며委附結交則其妙ㅣ又在六花南北枝之上ᄒᆞ니予終謂人之爲焉耳矣로라嗚呼噫嘻라匪梅則愛라梅將乞愛로다

題

題壽聖寺

蘇軾

者는高也라高極必窮故로植之以芎藭ᄒᆞ니慮窮者는必早計라故로植之以薊ᄒᆞ니薊者는計也라吾ㅣ朝而游焉ᄒᆞ야觀其華華菁菁ᄒᆞ니可以悅吾目而暢吾情이오夕而游焉ᄒᆞ야擷其芳而茹其英ᄒᆞ니可以旨吾腹而曼吾齡이오又可以究吾知而通物理로다安得不悠然永懷ᄒᆞ며怡然自喜哉아

述

愛梅述

祝允明

梅自含粧簷畔ᄒᆞ니一點壽陽額後로다遂見愛於人間ᄒᆞ니麗人唐江孃이特甚ᄒᆞ며李家三郎이遂賜梅姓ᄒᆞ니是人可花로다至如羅浮之下에乃復借貌所愛ᄒᆞ야與趙才子로歌弄調笑於橫星落月間ᄒᆞ니是花又可人이로다□蓋萬花在人間ᄒᆞ야無不可愛者로ᄃᆡ然都在梅下風ᄒᆞ니菊最幽ᄒᆞ나失寒薄ᄒᆞ고桃最艶이나失脂膩ᄒᆞ고蓮最香이나失閑露로ᄃᆡ梅는幽不減菊而能腴ᄒᆞ고艶不減桃而格淸ᄒᆞ고香不減

故로植之以薑ᄒᆞ니薑者ᄂᆞᆫ豊也라豊大則强矣故로植之以姜ᄒᆞ니姜者ᄂᆞᆫ强也라物太强則過剛ᄒᆞ니剛過則折이라君子戒焉故로植之以芥ᄒᆞ니芥者ᄂᆞᆫ戒也라戒事者思必苦ᄒᆞ니思苦則毒故로植之以茶ᄒᆞ니茶ᄂᆞᆫ毒罹於中而用力勤故로植之以芹ᄒᆞ니芹者ᄂᆞᆫ勤也라勤極則病故로植之以蒲ᄒᆞ니蒲者ᄂᆞᆫ痡也니病之痡也라病劇必弱故로植之以荏ᄒᆞ니荏은柔而弱也라弱則微矣故로植之以薇ᄒᆞ니薇ᄂᆞᆫ骭瘍也라骭微則羸其行故로植之以蔞ᄒᆞ니蔞者ᄂᆞᆫ僂也라愈病必以藥故로植之以芍藥ᄒᆞ니藥攻病이不可失其養故로植之以鞠ᄒᆞ니鞠者ᄂᆞᆫ養也라得其養而後蘇故로植之以蘇ᄒᆞ니蘇者ᄂᆞᆫ蘇也라蘇則起矣故로植之以芭ᄒᆞ고起必愼ᄒᆞ야以保其後故로植之以瓠ᄒᆞ니瓠者ᄂᆞᆫ護也라護不違乎道則難舒而福生焉故로植之以芷ᄒᆞ니芷者ᄂᆞᆫ祉也라引祉莫大乎育德故로植之以蓄ᄒᆞ고蓄必有濟故로植之以薺ᄒᆞ니薺者ᄂᆞᆫ濟也라濟ᄂᆞᆫ自近而之遠ᄒᆞ며自卑而底高也故로植之以菘ᄒᆞ니菘

ᄒᆞ고傑稱霜下로다朱孺는服之成仙ᄒᆞ고元亮은摘之盈把로다屈平은餐英ᄒᆞ고隣女는竊枝ᄒᆞ야不禁我瘦似黃花耳로다芍藥은奇之爲難見이오號之爲金帶圍ㅣ不虛也오乃若紅蓼白蘋과玉簪金錢과素馨茉莉ᄒᆞ야는種種不具ㅣ나賞心樂事는如隋園翦綵ᄒᆞ니呼我天工이오唐苑催花는不如河陽滿縣이오洛陽滿城也라ᄒᆞ나幽開之意는正不及此로다

略

菜蔬略　劉基

天地는久其道而萬物이生ᄒᆞ고聖人은久其德而庶功이成ᄒᆞ고士農工商은久其功而百務ㅣ眞이로다故로植韮以爲之君ᄒᆞ니韮者는久也라所以久吾生也오致久인必愼其揆라故로植之以葵ᄒᆞ니葵者는揆也라揆得其道故로視明而聽聰이로다故로植之以葱ᄒᆞ니葱者는聰也라聽達則得算多故로植之以蒜ᄒᆞ니蒜者는算也라算不失家必豐

花品

無名氏

性愛芬芳ᄒᆞ야無花不植ᄒᆞ고每一開吐ᄒᆞ면輒飛觴賦詩其下ᄒᆞ니梅花ᄂᆞᆫ雪魄氷魂과瓊姿玉骨이自是花魁라雖廣平之鐵心石腸이라도亦且賦爲淸新宛轉ᄒᆞ며牧丹은眞爲花中之富貴로다姚黃魏紫ㅣ總無當楊家一捻紅이라沉香亭北에亦爲帶笑之看ᄒᆞ며海棠은日暖風輕에春睡未足ᄒᆞ고林深露冷에曉粧猶遲ᄒᆞ니誠不愧花中神仙矣오桃花ᄂᆞᆫ武陵迷渡ᄒᆞ니先世避秦이오天台之上에劉阮佳遇로다杏花ᄂᆞᆫ探花使榮ᄒᆞ고碎錦名芳ᄒᆞ니表晉公之愛ᄒᆞ고結朱陳之觀ᄒᆞ며梨花ᄂᆞᆫ氷魂雪態ㅣ掃灑離塵ᄒᆞ야與梅共色ᄒᆞ며與月爲隣ᄒᆞ고探英釀酒ᄒᆞ며爲花洗粧이오榴花ᄂᆞᆫ蠟珠作帶ᄒᆞ고細綵成叢ᄒᆞ니其安石國之靈根乎ㄴ뎌荷花ᄂᆞᆫ其淨如拭ᄒᆞ며其嬌如語로다輕步凌波ᄒᆞ니其水宮之仙子乎ㄴ뎌桂花ᄂᆞᆫ香飄雲外ᄒᆞ니旣名嫦娥오種落人間ᄒᆞ니豈壞吳斧아玉犀金粟은廣寒鷲嶺에稱仙友焉ᄒᆞ며菊花ᄂᆞᆫ德備黃中

胷懷負鼎之願ᄒᆞ야蓋爲千載之遇焉이로다□然이나其戒人之禍는智矣오而不能自免於讒隙ᄒᆞ니豈功名之際에理固然乎아○夫利不在身ᄒᆞ고以之謀事則智ᄒᆞ며慮不私己ᄒᆞ고以之斷義ᄒᆞ면必厲ᄒᆞ나니◎誠能回觀物之智ᄒᆞ야而爲反身之察이면若施之於人이라도則能恕ᄒᆞ며自鑒其情이라도亦明矣로다

評

蜀先主評　陳壽

評曰□先主之弘毅寬厚와知人待士는蓋有高祖之風과英雄之器오及其擧國託孤於諸葛亮ᄒᆞ야而心信無貳는誠君子之至公이오古今之盛軌也나機權幹略이不逮魏武로다○是以로基宇亦狹이나然이나折而不撓ᄒᆞ야終不爲下者는抑揆彼之量에必不容己니◎非惟競利라且以避害云爾로다

品

도盖亦嘗有其志矣나得失이亂其中而榮辱이奪其外라是以로役役至於老死而不暇ᄒᆞ니亦足悲矣로다孔子叙書라가至於舜禹皐陶相讓之際ᄒᆞ야蓋未嘗不太息也ᄒᆞ니夫以朝廷之尊으로而行匹夫之讓이라孔子ㅣ安取哉아取其不汲汲於富貴ᄒᆞ야有以大服天下之心焉耳」로다夫太甲之廢ᄂᆞᆫ天下ㅣ未嘗有是어ᄂᆞᆯ而伊尹이始行之ᄒᆞᄃᆡ天下ㅣ不以爲驚ᄒᆞ며以臣放君ᄒᆞᄃᆡ天下ㅣ不以爲僭ᄒᆞ며旣放而復立ᄒᆞᄃᆡ太甲이不以爲專은何則고其素所不屑者로足以取信於天下也로다彼其視天下渺然이라不足以動其心이어니豈忍以放廢其君求利也哉아◎後之君子ᄂᆞᆫ蹈常而習故ᄒᆞ야惴惴焉懼不免於天下ᄒᆞ야一爲希濶之行則天下ㅣ羣起而誚之ᄒᆞ야不知求其素ᄒᆞ고以爲古今之變ᄒᆞ며時有所不可者ᄂᆞᆫ亦已過矣로다

馬援傳論　范曄

馬援이騰聲三輔ᄒᆞ야遨遊二帝라가及定節立謀ᄒᆞ야以干時主ᄒᆞ니

以動其心이면則宜其智慮之不出乎此也로다簞食豆羹을非其道不取ᄒᆞ면則一鄕之人이莫敢以不正犯之矣나니一鄕之人이莫敢以不正犯之오而不能辨一鄕之事者ㅣ未之有也니推此而上ᄒᆞ면其所不取者ㅣ愈大則其所辨者ㅣ愈遠矣로다讓天下與讓簞食豆羹이無以異也오治天下與治一鄕이亦無以異也라然而不能者ᄂᆞᆫ有所蔽也로다天下之富ᄂᆞᆫ是簞食豆羹之積也오天下之大ᄂᆞᆫ是一鄕之推也라非千金之子면不能運千金之資ᄒᆞ나니販夫販婦ㅣ得一金而不知其所措ᄂᆞᆫ非智不若이라所居之卑也니라○孟子曰伊尹이耕於有莘之野에非其道也며非其義也면雖祿之以天下라도弗受也라ᄒᆞ니夫天下ㅣ不能動其心이라是故로其才全ᄒᆞ며以其全才而制天下라是故로臨大事而不亂이로다古之君子ᄂᆞᆫ必有高世之行이오非苟求爲異而已니卿相之位와千金之富를有所不屑은將以自廣其心이오使窮達利害로不能爲之芥蔕ᄒᆞ야以全其才ᄂᆞᆫ而欲有所爲耳이니後之君子

禁絶善人爲朋이莫如漢獻帝ᄒᆞ며能誅滅淸流之朋이莫如唐昭宗之世나然이나皆亂亾其國ᄒᆞ며更相稱美推讓而不自疑ㅣ莫如舜之二十二臣이로ᄃᆡ舜亦不疑而皆用之나然而後世에不誚舜爲二十二人朋黨所欺라ᄒᆞ고而稱舜爲聰明之聖者ᄂᆞᆫ以能辨君子與小人也오周武之世에擧其國之臣三千人共爲之一朋ᄒᆞ니自古爲朋多且大ㅣ莫如周나然이나周用此而興者ᄂᆞᆫ善人은雖多而不厭也로다夫興亡治亂之迹을爲人君者ㅣ可以鑒矣니다

伊尹論

蘇軾

辨天下之大事者ᄂᆞᆫ有天下之大節者也오立天下之大節者ᄂᆞᆫ挾天下者也라夫以天下之大로而不足以動其心이면則天下之大節이有不足立ᄒᆞ며而大事ㅣ有不足辨矣로다□今夫匹夫匹婦ㅣ皆知潔廉忠信之爲美也ᄒᆞ니使其果潔廉而忠信이면則其智慮ㅣ未始不如王公大人之能也어ᄂᆞᆯ惟其所爭者ㅣ止於簞食豆羹ᄒᆞ니而簞食豆羹之足

君子之眞朋이면則天下治ᄒᆞ나니다堯之時에小人共工讙兜等四人
이爲一朋ᄒᆞ고君子八元八凱ㅣ十六人이爲一朋이라舜佐堯에退四
凶小人之朋ᄒᆞ고而進元凱君子之朋ᄒᆞ니堯之天下大治ᄒᆞ고及舜自
爲天子ᄒᆞ야ᄂᆞᆫ而皐夔稷契等二十二人이並列于朝ᄒᆞ야更相稱美ᄒᆞ
며更相推讓ᄒᆞ니凡二十二人이爲一朋이라而舜이皆用之ᄒᆞ니天下
亦大治로다書에曰紂有臣億萬ᄒᆞ니惟億萬之心이오周有臣三千惟
一心이라ᄒᆞ니紂之時億萬人이各異心ᄒᆞ니可謂不爲朋矣로다然이
나紂以亡國ᄒᆞ고周武王之臣三千이爲一大朋이나而周ᄂᆞᆫ用以興ᄒᆞ
며後漢獻帝時에盡取天下名士ᄒᆞ야囚禁之ᄒᆞ고目爲黨人이러니及
黃巾賊起ᄒᆞ야漢室大亂의後方悔悟ᄒᆞ야盡解黨人而釋之나然已無
救矣오唐之晩年에漸起朋黨之論이러니及昭宗時ᄒᆞ야盡殺朝之名
士ᄒᆞ야咸投之黃河ᄒᆞ고曰此輩ᄂᆞᆫ淸流라可投濁流라ᄒᆞ더니而唐이
遂亡矣로다◎夫前世之主ㅣ能使人人異心不爲朋이莫如紂ᄒᆞ며能

者ᄂᆞᆫ不悲其身之死ᄒᆞ고而憂其國之衰로다故로必復有賢者而後에可以死니彼管仲者ᄂᆞᆫ何以死哉아

朋黨論

歐陽脩

臣은聞朋黨之說이自古有之나惟幸人君이辨其君子小人而已로다

▢大凡君子與君子ᄂᆞᆫ以同道爲朋ᄒᆞ고小人與小人은以同利爲朋ᄒᆞ나니此ᄂᆞᆫ自然之理也로다然이나臣은謂小人無朋이오惟君子라야則有之라ᄒᆞ노니其故何哉아小人所好者ᄂᆞᆫ祿利也오所貪者ᄂᆞᆫ財貨也라當其同利之時ᄒᆞ야暫相黨引以爲朋者ᄂᆞᆫ僞也라及其見利而爭先ᄒᆞ며或利盡而交疎ᄒᆞ면則反相賊害ᄒᆞ나니雖其兄弟親戚이라도不能相保라故로臣謂小人은無朋이오其暫爲朋者ᄂᆞᆫ僞也라ᄒᆞ며君子則不然ᄒᆞ니所守者道義오所行者忠信이오所惜者名節이라以之修身則同道而相益ᄒᆞ고以之事國則同心而共濟ᄒᆞ야終始如一ᄒᆞ니此ᄂᆞᆫ君子之朋也로다○故로爲人君者ᄂᆞᆫ但當退小人之僞朋이오用

公之間ᄒᆞ야擧天下之賢者ᄒᆞ야以自代면則仲雖死나而齊國이未爲無仲也니夫何患三子者리오不言이可也로다五伯莫盛於威文이라文公之才ㅣ不過威公이오其臣이又皆不及仲ᄒᆞ며靈公之虐이不如孝公之寬厚로ᄃᆡ文公死에諸侯ㅣ不敢叛晋이라晋襲文公之餘威ᄒᆞ야猶得爲諸侯之盟主百餘年ᄒᆞ니何者오其君이雖不肖나而尙有老成人焉이오威公之薨也에一敗塗地ᄂᆞᆫ無惑也로니彼獨恃一管仲이라가而仲則死矣로다夫天下에未嘗無賢者언마ᄂᆞᆫ蓋有有臣而無君者矣로다威公在焉에而曰天下에不復有管仲者ᄂᆞᆫ吾不信也로다仲之書에有記其將死ᄒᆞ니論鮑叔賓胥無之爲人ᄒᆞ고且各疏其短ᄒᆞ니是其心이以爲是數子者ᄂᆞᆫ皆不足以託國이오而又逆知其將死ᄒᆞ나則其書ㅣ誕謾不足信也로다◎吾觀史鰌ㅣ以不能進遽伯玉ᄒᆞ고而退彌子瑕故로有身後之諫ᄒᆞ고蕭何ᄂᆞᆫ且死에擧曹參以自代ᄒᆞ니大臣之用心이固宜如此也로다夫國以一人興ᄒᆞ고以一人亡ᄒᆞᄂᆞ니賢

노니何則고豎刁、易牙、開方三子는彼固亂人國者라顧其用之者威公
也니夫有舜而後에知放四凶ᄒᆞ며有仲尼而後에知去少正卯어늘彼
威公은何人也오顧其使威公으로得用三子者는管仲也로다仲之疾
也에公이問之相ᄒᆞ니當是時也ᄒᆞ야吾意以仲으로且擧天下之賢者
以對어늘而其言이乃不過曰豎刁、易牙、開方三子는非人情이라不可
近而已라ᄒᆞ니嗚乎仲이以爲威公이果能不用三子矣乎아仲與威公
處幾年矣라亦知威公之爲人矣乎ㄴ뎌威公이聲不絕於耳ᄒᆞ고色不
絕於目ᄒᆞ니而非三子者면則無以遂其欲이라彼其初之所以不用者
는徒以有仲焉耳니一日無仲이면則三子者ㅣ可以彈冠而相慶矣로
다仲이以爲將死之言으로可以縶威公之手足耶아夫齊國이不患有
三子라而患無仲이니有仲則三子者ㅣ三匹夫耳로다不然이라도天
下에豈少三子之徒哉아雖威公이幸而聽仲ᄒᆞ야誅此三人이런들而
其餘者를仲能悉數而去之耶아○嗚乎仲은可謂不知本者矣로다因

國之師也며淡謀遠憂行軍用兵之道ㅣ非及曩時之士也ㅣ로ᄃᆡ然而成敗異變과功業相反을試使山東之國與陳涉으로度長絜大ᄒᆞ며比權量力ᄒᆞ면則不可同年而語矣로다然이나秦以區區之地로致萬乘之權ᄒᆞ며招八州而朝同列이百有餘年矣라然後以六合爲家ᄒᆞ고殽函爲宮이어ᄂᆞᆯ一夫作難而七廟隳ᄒᆞ고身死人手ᄒᆞ야爲天下笑者ᄂᆞᆫ何也오仁義를不施而攻守之勢ㅣ異也니라

管仲論

蘇洵

管仲이相威公ᄒᆞ야霸諸侯ᄒᆞ며攘夷狄ᄒᆞ야終其身토록齊國이富强ᄒᆞ야諸侯ㅣ不敢叛이러니管仲死의豎刀、易牙、開方이用ᄒᆞ야威公이薨於亂ᄒᆞ고五公子爭立ᄒᆞ야其禍蔓延ᄒᆞ야訖簡公히齊無寧歲로다

□夫功之成이非成於成之日이라蓋必有所由起오禍之作이不作於作之日이라亦必有所由兆니故齊之治也ᄂᆞᆫ吾不曰管仲이오而曰鮑叔이라ᄒᆞ며及其亂也인吾不曰豎刀、易牙、開方이오而曰管仲이라ᄒᆞ

야以愚黔首ᄒᆞ며隳名城殺豪俊ᄒᆞ고收天下之兵ᄒᆞ야聚之咸陽ᄒᆞ고銷鋒鍉ᄒᆞ야鑄以爲金人十二ᄒᆞ야以弱天下之民ᄒᆞ고然後踐華爲城ᄒᆞ며因河爲池ᄒᆞ고據億丈之城ᄒᆞ며臨不測之谿ᄒᆞ야以爲固ᄒᆞ고良將勁弩는守要害之處ᄒᆞ고信臣精卒은陳利兵而誰何ᄒᆞ니天下已定이로다始皇之心에自以爲關中之固는金城千里오子孫帝王萬世之業이러라◯始皇이旣歿의餘威ㅣ振于殊俗이러니然而陳涉은甕牖繩樞之子로亡隷之人而遷徙之徒也라材能이不及中庸ᄒᆞ고非有仲尼墨翟之賢과陶朱猗頓之富오躡足行伍之間이라가俛起阡陌之中ᄒᆞ야率罷散之卒ᄒᆞ며將數百之衆ᄒᆞ고轉而攻秦이로다斬木爲兵ᄒᆞ고揭竿爲旗ᄒᆞ니天下ㅣ雲會而響應ᄒᆞ고贏糧而景從ᄒᆞ야山東豪俊이遂並起而亡秦族矣러라◎且夫天下ㅣ非小弱也언마는雍州之地와殽函之固ㅣ自若也ᄒᆞ며陳涉之位는不尊於齊楚燕趙韓魏宋衛中山之君也며鉏耰棘矜이不銛於鉤戟長鎩也며謫戍之衆이非抗於九

齊明、周最、陳軫、召滑。樓緩、翟景、蘇厲、樂毅之徒ㅣ通其意ᄒᆞ며吳起、孫臏、帶佗、兒良、王廖、田忌、廉頗、趙奢之倫이制其兵ᄒᆞ야嘗以十倍之地와百萬之衆으로叩關而攻秦이秦人이開關而延敵ᄒᆞ니九國之師ㅣ遁逃而不敢進ᄒᆞ고秦無亾矢遺鏃之費ᄒᆞ니而天下諸侯ㅣ已困矣라於是에從散約解ᄒᆞ야爭割地而賂秦ᄒᆞ니秦有餘力而制其弊ᄒᆞ야追亡逐北ᄒᆞ야伏尸百萬ᄒᆞ고流血漂櫓로다因利乘便ᄒᆞ야宰割天下ᄒᆞ고分製河山ᄒᆞ니强國請伏ᄒᆞ고弱國入朝러라施及孝文王、莊襄王ᄒᆞ얀享國之日淺ᄒᆞ야國家無事러라□及至始皇ᄒᆞ야奮六世之餘烈ᄒᆞ야振長策而御宇內ᄒᆞ며呑二周而亡諸侯ᄒᆞ고履至尊而制六合ᄒᆞ며執敲朴以鞭笞天下ᄒᆞ니威振四海로다南取百越之地ᄒᆞ야以爲桂林象郡ᄒᆞ니百越之君이俛首係頸ᄒᆞ고委命下吏ᄒᆞ더라乃使蒙恬으로北築長城而守藩籬ᄒᆞ야却匈奴七百餘里ᄒᆞ니胡人이不敢南下而牧馬ᄒᆞ고士不敢彎弓而報怨이로다於是에廢先王之道ᄒᆞ고燔百家之言ᄒᆞ

論

過秦論

賈誼

秦孝公이據殽函之固ᄒᆞ며擁雍州之地ᄒᆞ고君臣固守ᄒᆞ야以窺周室ᄒᆞ니有席卷天下ᄒᆞ며包擧宇內ᄒᆞ고囊括四海之意와幷呑八荒之心이러라當是時也에商君이佐之ᄒᆞ야內立法度ᄒᆞ야務耕織ᄒᆞ며修守戰之具ᄒᆞ고外連衡而鬪諸侯ᄒᆞ니於是秦人이拱手而取西河之外러라孝公이旣歿이惠文武昭ㅣ蒙故業因遺策ᄒᆞ야南取漢中ᄒᆞ고西擧巴蜀ᄒᆞ며東割膏腴之地ᄒᆞ고北收要害之郡ᄒᆞ니諸侯ㅣ恐懼ᄒᆞ야會盟而謀弱秦ᄒᆞ야不愛珍器重寶肥饒之地ᄒᆞ야以致天下之士ᄒᆞ야合從締交ᄒᆞ야相與爲一ᄒᆞ니當此之時ᄒᆞ야齊有孟嘗ᄒᆞ며趙有平原ᄒᆞ며楚有春申ᄒᆞ며魏有信陵ᄒᆞ니此四君者ᄂᆞᆫ皆明智而忠信ᄒᆞ고寬厚而愛人ᄒᆞ고尊賢而重士ᄒᆞ야約從離橫ᄒᆞ야兼韓魏燕趙宋衛中山之衆ᄒᆞ니於是六國之士ㅣ有甯越、徐尙、蘇秦、杜赫之屬ᄒᆞ야爲之謀ᄒᆞ고

誅之는所以正邦典이어늘而又何旌焉고且其議曰人必有子ᄒᆞ고子必有親ᄒᆞ니親親相讎ᄒᆞ면其亂을誰救아是는惑於禮也ㅣ甚矣로다禮之所謂讎者는蓋其寃抑沈痛而號無告也오非謂抵罪觸法ᄒᆞ야陷於大戮이ᄂᆡ而曰彼殺之라我乃殺之라ᄒᆞ야不議曲直ᄒᆞ고暴寡脅弱而已면其非經背聖이不亦甚哉아周禮에調人掌司萬人之讎ᄒᆞ니凡殺人而義者는令勿讎ᄒᆞ고讎之則死니라有反殺者면邦國이交讎之어ᄂᆡ安得親親相讎也리오春秋公羊傳에曰父不受誅면子復讎ㅣ可也오父受誅에子復讎는此推刃之道라復讎不除害라ᄒᆞ니今若取此以斷ᄒᆞ야兩下相殺則合於禮矣로다◎且夫不忘讎는孝也오不愛死는義也라元慶이能不越於禮ᄒᆞ고服孝死義면是必達理而聞道者也라夫達理聞道之人이豈其以王法爲敵讎者哉아反以爲戮ᄒᆞ니黷刑壞禮라其不可以爲典이明矣로다請下臣議ᄒᆞ샤附於令ᄒᆞ야有斷斯獄者어든不宜以前議從事케ᄒᆞ소셔謹議

而並焉이라誅其可旌이면玆謂濫이니瀆刑이甚矣오旌其可誅면玆謂僭이니壞禮ㅣ甚矣로다果以是로示於天下ᄒᆞ며傳於後世ᄒᆞ면趨義者ㅣ不知所向ᄒᆞ고違害者ㅣ不知所立ᄒᆞ리니以是爲典이可乎아盖聖人之制ᄂᆞᆫ窮理以定賞罰ᄒᆞ고本情以正褒貶ᄒᆞ야統於一而已矣로다嚮使刺讞其誠僞ᄒᆞ며考正其曲直ᄒᆞ야原始而求其端ᄒᆞ면則刑理之用이判然離矣로다○何者오若元慶之父ㅣ不陷於公罪ᄒᆞ고師韞之誅ㅣ獨以其私怨으로奮其吏氣ᄒᆞ야虐於非辜어ᄂᆞᆯ州判이不知罪ᄒᆞ고刑官이不知問ᄒᆞ고上下蒙冒ᄒᆞ야籲號不聞이면而元慶이能以戴天爲大耻오枕戈爲得禮라處心積慮ᄒᆞ야以衝讎人之胷ᄒᆞ야介然自克이면卽死無憾이라是ᄂᆞᆫ守禮而行義也니執事者ㅣ宜有慚色이라將謝之不暇어ᄂᆞᆯ而又何誅焉고其或元慶之父ㅣ不免於罪어ᄂᆞᆯ師韞之誅ㅣ不愆於法이면是ᄂᆞᆫ非死於吏也라是死於法也니法其可讐乎아讎天子之法ᄒᆞ야而戕奉法之吏면是ᄂᆞᆫ悖驁而凌上也라執以

ᄒᆞ야上戚五ᄒᆞ며下登三이로다觀者未睹指ᄒᆞ고聽者未聞音이라猶鷃鵬이已翔乎寥廓ᄒᆞ고而羅者ㅣ猶視乎藪澤ᄒᆞ니悲夫로다於是에諸大夫ㅣ茫然喪其所懷來ᄒᆞ고失厥所以進ᄒᆞ야喟然並稱曰允哉라漢德이여此ᄂᆞᆫ鄙人之所願聞也로다百姓이雖勞나請以身先之ᄒᆞ리라敝罔靡徙ᄒᆞ야遷延而辭避ᄒᆞ다

議

駁復讐議

柳宗元

臣은伏見天后時에有同州下邽人徐元慶者ᄒᆞ니父爽이爲縣尉趙師韞所殺이라卒能手刃父讎ᄒᆞ고東身歸罪ᄒᆞ니當時諫臣陳子昂이建議誅之而旌其閭ᄒᆞ고且請編之於令ᄒᆞ야永爲國典ᄒᆞ니臣竊過之ᄒᆞ노이다□臣은聞禮之大本은以防亂也라若曰無爲賊虐이면凡爲子者ㅣ殺無赦라ᄒᆞ며刑之大本은亦以防亂也라若曰無爲賊虐이면凡爲治者ㅣ殺無赦라ᄒᆞ니其本則合이나其用則異로다旌與誅ㅣ莫得

其上ᄒᆞ며君臣易位ᄒᆞ고尊卑失序ᄒᆞ야父兄不辜ᄒᆞ고幼孤爲奴虜ᄒᆞ야係縲號泣ᄒᆞ야內鄕而怨曰蓋聞中國에有至仁焉ᄒᆞ야德洋恩普ᄒᆞ야物靡不得其所라ᄒᆞ야ᄂᆞᆯ今獨曷爲遺己아ᄒᆞ야擧踵思慕ᄒᆞ야若枯草之望雨ᄒᆞ야盭夫ㅣ爲之垂涕어ᄃᆞᆫ況乎上聖이又烏能已아故로北出師以討强胡ᄒᆞ고南馳使以誚勁越ᄒᆞ니四面風德이라二方之君이鱗集仰流ᄒᆞ니願得隨號者ㅣ以億計로다故로乃關沫若、徼牂牁ᄒᆞ며鏤靈山、梁孫原ᄒᆞ야創道德之塗ᄒᆞ고垂仁義之統이로다將博恩廣施ᄒᆞ야遠撫長駕로다使疏逖不閉ᄒᆞ고曶爽闇昧ㅣ得耀乎光明이라以偃甲兵於此ᄒᆞ고以息討伐於彼ᄒᆞ니遐邇一體ᄒᆞ고中外禔福이로다不亦康乎아夫拯民于沈溺ᄒᆞ야奉至尊之休德ᄒᆞ야反衰世之陵彝ᄒᆞ야繼周氏之絕業이天子之急務也라百姓이雖勞나又烏可以已哉아且夫王者ᄂᆞᆫ固未有不始于憂勤而終於佚樂者也로다然則受命之符ㅣ合在于此ᄒᆞ니方將增太山之封ᄒᆞ야加梁父之事라鳴和鑾ᄒᆞ며揚樂頌

也ᄒᆞ나니라昔者洪水沸出ᄒᆞ야汎濫衍溢의民人이升降移徙ᄒᆞ야崎嶇而不安일ᄉᆡ夏后氏戚之ᄒᆞ야乃堙洪塞源ᄒᆞ며決江疏河ᄒᆞ고灑沉澹災ᄒᆞ야東歸之于海ᄒᆞ니而天下永寧이러라當斯之勤ᄒᆞ야豈惟民哉아心煩于慮ᄒᆞ야而身親其勞ᄒᆞ며躬腠胼胝無胈ᄒᆞ고膚不生毛로다故로休烈이顯乎無窮ᄒᆞ며聲稱이浹乎來玆로다且夫賢君之踐位也에豈特委瑣喔嚱ᄒᆞ야拘文牽俗ᄒᆞ며循誦習傳ᄒᆞ야當世取說云爾哉아必將崇論弘議로創業垂統ᄒᆞ야爲萬世規로다故로馳騖乎兼容并包ᄒᆞ며而勤思乎參天貳地로다且詩不云乎아普天之下ㅣ莫非王土며率土之濱이莫非王臣이로다是以로六合之內와八方之外ㅣ浸滔衍隘ᄒᆞ야懷生之物이有不浸潤于澤者면賢君이耻之ᄒᆞ나니今封疆之內에冠帶之倫이咸獲嘉祉ᄒᆞ야靡有闕遺矣라而夷狄殊俗之國과遼絶異黨之域이舟車不通ᄒᆞ야人以罕至로다政敎未加ᄒᆞ고流風이猶微ᄒᆞ야內之則犯義侵禮于邊境ᄒᆞ고外之則邪行橫作ᄒᆞ야放殺

와縉紳先生之徒二十有七人이儼然造焉이러라辭畢進曰蓋聞天子之于彝狄也에其義羈縻ᄒᆞ야勿絶而已어ᄂᆞᆯ今罷三郡之士ᄒᆞ야通夜郞之塗ᄒᆞ야三年于玆에而功不竟이라士卒이勞倦ᄒᆞ고萬民不贍이어ᄂᆞᆯ今又接之以西彝ᄒᆞ니百姓이力屈ᄒᆞ야恐不能卒業이라此亦使者之累也로다竊爲左右患之호라且夫邛筰西僰之與中國並也ㅣ歷年이玆多ᄒᆞ야不可記已라仁者ᄂᆞᆫ不以德來ᄒᆞ고强者ᄂᆞᆫ不以力辨ᄒᆞ니意者殆不可乎ㄴ뎌今割齊民ᄒᆞ야以附彝狄ᄒᆞ니獘所恃以事無用이로다鄙人이固陋ᄒᆞ야不識所謂로다使者曰烏謂此乎아必若所云이면則是蜀變服而巴不化俗也로다余尙惡聞若說호라然斯事體大라固非觀者之所覯也로다余之行急이라其詳을不可得聞已ㅣ나請爲大夫ᄒᆞ야麤陳其略호리라蓋世必有非常之人然後에有非常之事ᄒᆞ며有非常之事然後에有非常之功이니非常者ᄂᆞᆫ固常人之所異也라故로曰非常之原은黎民이懼焉이라가及臻厥成ᄒᆞ야ᄂᆞᆫ天下晏如

而能浮ᄒᆞ고十五而能沒ᄒᆞ나니夫沒者ㅣ豈苟然哉아必將有得於水之道者로다日與水居則十五而得其道니라生不識水ᄒᆞ면則雖長이나見舟而畏之라故로北方之勇者ㅣ問於沒人而求其所以沒ᄒᆞ야以其言試之河에未有不溺者也로다◎故로凡不學而務求道ᄂᆞᆫ皆北方之學沒者也로다昔者에以聲律取士ᄒᆞᆯᄉᆡ士ㅣ雜學而不志於道러니今也以經術取士에士知求道而不務學이로다渤海吳君彥律은有志於學者也라方求擧於禮部ᄒᆞᆯᄉᆡ作日喩以告之ᄒᆞ노라

難

難蜀父老　司馬相如

漢興七十有八載에德茂存乎六世ᄒᆞ야威武紛紜ᄒᆞ고湛恩汪濊라羣生沾濡ᄒᆞ야洋溢乎方外로다於是에乃命使西征ᄒᆞ야隨流而攘ᄒᆞ니風之所被에罔不披靡로다因朝冉從駹ᄒᆞ야定筰存邛ᄒᆞ고略斯榆ᄒᆞ고擧苞蒲ᄒᆞ고結軌還轅ᄒᆞ야東鄕將報ᄒᆞᆯᄉᆡ至于蜀都ᄒᆞ니耆老大夫

日喩 蘇軾

生而眇者ㅣ不識日ᄒᆞ고問之有目者ᄒᆞ니或告之曰日之狀이如銅槃ᄒᆞ니라扣槃而得其聲ᄒᆞ고他日에聞鐘以爲日也러라或이告之曰日之光이如燭ᄒᆞ니라捫燭而得其形ᄒᆞ고他日에揣籥以爲日也러라日之與鐘籥이亦遠矣어늘而眇者ㅣ不知其異ᄒᆞ고以其未嘗見而求之人也ᄒᆞ니□道之難見也ㅣ甚於日이오而人之未習也ㅣ無以異於眇ᄒᆞ니達者告之에雖有巧譬善導나亦無以過於槃與燭也로다自槃而之鐘ᄒᆞ고自燭而之籥ᄒᆞ야轉而相之ᄒᆞ니豈有旣乎아故로世之言道者ㅣ或卽其所見而名之ᄒᆞ며或莫之見而意之ᄒᆞ나니皆求道之過也로다然則道卒不可求歟아○蘇子曰道ᄂᆞᆫ可致而不可求로다何謂致오孫武曰善戰者ᄂᆞᆫ致人이오不致人이라ᄒᆞ고孔子曰百工은居肆ᄒᆞ야以成其事ᄒᆞ고君子ᄂᆞᆫ學以致其道라ᄒᆞ니莫之求而自至ㅣ斯以爲致也歟ㄴ뎌南方에多沒人ᄒᆞ니日與水居也라七歲而能涉ᄒᆞ고十歲

弟於唐이라ᄒᆞ니□吾意不然이로다王之弟를當封耶아周公이宜以時言於王이오不待其戲而賀以成之也니라不當封耶아周公이乃成其不中之戲ᄒᆞ야以地以人으로與小弱者爲之主ᄒᆞ면其得爲聖乎아且周公이以王之言으로不可苟焉而已라必從而成之耶아設有不幸ᄒᆞ야王이以桐葉戲婦寺라도亦將擧而從之乎아凡王之德이在行之何若이어니設未得其當이면雖十易之라도不爲病이라要於其當이면不可使易也온而況以其戲乎아若戲而必行之면是ᄂᆞᆫ周公이教王遂過也로다○吾意周公이輔成王의宜以道從容優樂으로要歸之大中而已아오必不逢其失而爲之辭며又不當束縛之ᄒᆞ며馳驟之ᄒᆞ야使若牛馬然이로다◎急則敗矣라且家人父子ㅣ尙不能以此自克이온況號爲君臣者耶아是直小丈夫缺缺者之事오非周公所宜用이라故不可信이로다或曰封唐叔은史佚成之라ᄒᆞ더라

喩

書ᄒᆞ야雖婦人小子라도皆知其爲祥也로다□然이나麟之爲物이不畜於家ᄒᆞ고不恒有於天下ᄒᆞ며其爲形也ㅣ不類ᄒᆞ야非若馬牛犬豕豺狼麋鹿然이로다然則雖有麟이나不可知其爲麟也니라角者를吾知其爲牛오鬣者를吾知其爲馬오犬豕豺狼麋鹿을吾知其犬豕豺狼麋鹿이로ᄃᆡ惟麟을也不可知ᄒᆞ니不可知則其謂之不祥也亦宜로다○雖然이나麟之出이必有聖人이在乎位ᄒᆞ니麟爲聖人出也라聖人者ㅣ必知麟ᄒᆞ리니麟之果不爲不祥也로다◎又曰麟之所以爲麟者ᄂᆞᆫ以德不以形이니若麟之出이不待聖人이면則謂之不祥也亦宜로다

辨

桐葉封弟辨　柳宗元

古之傳者有言ᄒᆞ니成王이以桐葉으로與小弱弟戲曰以封汝ᄒᆞ리라周公이入賀ᄒᆞᆫᄃᆡ王曰戲也로라周公曰天子ᄂᆞᆫ不可戲니다乃封小弱

고◎余ㅣ默然無以爲應ᄒᆞ고退而思其言ᄒᆞ니類東方生滑稽之流라
豈其憤世疾邪者ㅣ而託於柑而諷耶아

說

愛蓮說

周惇頤

水陸草木之花에可愛者甚蕃이로ᄃᆡ晋陶淵明이獨愛菊ᄒᆞ더니自李唐來世人이甚愛牧丹이로다□予獨愛蓮之出淤泥而不染ᄒᆞ며濯淸漣而不妖ᄒᆞ고中通外直ᄒᆞ야不蔓不枝ᄒᆞ며香遠益淸ᄒᆞ고亭亭淨植ᄒᆞ니可遠觀而不可褻玩焉이러라◯余謂菊은花之隱逸者也오牧丹은花之富貴者也오蓮은花之君子者也라ᄒᆞ노니◎噫라菊之愛ᄂᆞᆫ陶後鮮有聞이라蓮之愛ᄂᆞᆫ同余者何人고牧丹之愛ᄂᆞᆫ宜乎衆矣로다

解

獲麟解

韓愈

麟之爲靈이昭昭也라詠於詩ᄒᆞ고書於春秋ᄒᆞ고雜出於傳記百家之

杭有賣果者ᄒᆞ니善藏柑ᄒᆞ야涉寒暑不潰ᄒᆞ고出之燁然ᄒᆞ야玉質而金色이라置於市ᄒᆞ면價十倍로ᄃᆡ人爭鬻之러라余貿其一剖之ᄒᆞ니如有烟撲口鼻어ᄂᆞᆯ視其中則乾若敗絮러라□余ㅣ怪而問之曰若所市於人者ᄂᆞᆫ將以實籩豆奉祭祀ᄒᆞ며供賓客乎아將衒外以惑愚瞽也로다甚矣哉라爲欺也여賣者笑曰吾ㅣ業是有年矣라吾業이賴是而食吾軀ᄒᆞ노니吾售之ᄒᆞ야人取之ᄒᆞᄃᆡ未嘗有言이어ᄂᆞᆯ而獨不足於子乎아世之爲欺者ㅣ不寡矣어니而獨我也乎아吾子ㅣ未之思也로다○今夫佩虎符坐皐比者ㅣ洸洸乎干城之具也로다果能授孫吳之略耶아峨大冠拖長紳者ㅣ昂昂乎廟堂之器也로다果能建伊皐之業耶아盜起而不知禦ᄒᆞ고民困而不知救ᄒᆞ고吏奸而不知禁ᄒᆞ고法斁而不知理ᄒᆞ고糜廩粟而不知耻로다觀其坐高堂ᄒᆞ며騎大馬ᄒᆞ며醉醇醴而飫肥鮮者ㅣ孰不巍巍乎可畏며赫赫乎可象也리오又何往而不金玉其外ᄒᆞ고敗絮其中也哉아今子ᄂᆞᆫ是之不察ᄒᆞ고而以察吾柑

代ᄒᆞ고數過百年토록其間和歌를棄不被採ᄒᆞ야雖風流如野相公ᄒᆞ며雅情如在納言이나而皆依他才聞이오不以斯道顯이로다伏惟陛下御宇ㅣ于今九載라仁流秋津洲之外ᄒᆞ고惠茂筑波山之陰ᄒᆞ야淵變爲瀨之聲이寂寂閉口ᄒᆞ고沙長爲巖之頌이洋洋滿耳라欲興久廢之道ᄒᆞ고思繼既絶之風ᄒᆞ사爰詔大內記紀友則과御書所預紀貫之와前甲斐少目凡河內躬恒과右衛門府生壬生忠峯等이各獻家集並古來舊歌러라於是에重有詔사部類所奉之歌ᄒᆞ야勒爲廿卷ᄒᆞ니名曰古今和歌集이라臣等이詞少春花之艶이나名竊秋夜之長이라況乎進恐時俗之嘲ᄒᆞ고退慚才藝之拙일ᄉᆡ適遇和歌之中興ᄒᆞ야以樂吾道之再昌이로다嗟乎人丸이既歿ᄋᆡ和歌ㅣ不在斯哉아時ᄂᆞᆫ延喜五年歲次乙丑四月十五日이라臣貫之等은謹序

言

賣柑者言

劉 基

ᄒᆞ고難進丈夫之前이로다近代存古風者ᄂᆞᆫ纔二三人而已라然長短不同ᄒᆞ야論以可辨이로다花山僧正이尤得歌體나其詞ㅣ甚華而少實ᄒᆞ야如畵圖好女ㅣ徒動人情ᄒᆞ며在原中將之歌ᄂᆞᆫ其情이有餘나其詞不足ᄒᆞ야如萎花ㅣ雖少采色而有薰香ᄒᆞ며文琳은巧詠物이나然其體近俗也라如賈人之着鮮衣ᄒᆞ며宇治山僧은喜撰이나其詞華麗而首尾停滯ᄒᆞ야如望秋月遇曉雲ᄒᆞ며小野小町之歌ᄂᆞᆫ古衣通姬之流也라然艶而無氣力ᄒᆞ야如病婦之着花粉ᄒᆞ며大友黑主歌ᄂᆞᆫ古猿丸大夫之次也라頗有逸興이나而體甚鄙ᄒᆞ야如田夫之息花前也ᄒᆞ며其外氏姓流聞者ᄂᆞᆫ不可勝數나其大底ᄂᆞᆫ皆以艶爲基ᄒᆞ야不知歌之趣者也오俗人은爭事榮利ᄒᆞ야不用和歌ᄒᆞ니悲哉라雖貴兼相將ᄒᆞ고富餘金錢이나而骨未腐於土中ᄒᆞ야名先滅於世上이어ᄂᆞᆯ適爲後輩被知ᄂᆞᆫ唯和歌之人而已로다何者오語近人耳나儀通神明也니昔에平城天子ㅣ詔侍臣ᄒᆞ야令撰萬葉集ᄒᆞ니自爾以來로時歷十

니長歌短歌의旋頭混本之類ㅣ雜體不一ᄒᆞ야源流漸繁ᄒᆞ니譬猶拂雲之樹ㅣ生自寸苗之煙ᄒᆞ며浮天之波ㅣ起於一滴之露로다至如難波津之什獻天皇과富緖河之篇報太子ᄂᆞᆫ或事關神異ᄒᆞ고或興入幽玄ᄒᆞ니但見上古之歌ᄂᆞᆫ多存古質之語ᄒᆞ야未爲耳目之玩이오徒爲敎戒之端이로다古天子ᄂᆞᆫ每良辰美景에詔侍臣預宴筵者ᄒᆞ야獻和歌ᄒᆞ니君臣之情을由斯可見이오賢愚之性이於是相分이로다所以로隨民之欲ᄒᆞ야擇士之才也러라自大津皇子之初作詩賦로詞人才子ㅣ慕風繼塵ᄒᆞ야移彼漢家之字ᄒᆞ야爲我日域之俗ᄒᆞ야民業一改하니和歌漸衰나然猶有先師柿下大夫者ᄒᆞ야高振神妙之思ᄒᆞ야獨步古今之間ᄒᆞ고有山邊赤人者ᄒᆞ니並和歌之仙也오其餘業和歌者ㅣ綿綿不絕이라가及彼時變澆漓ᄒᆞ고人貴奢淫ᄒᆞ야浮詞雲興ᄒᆞ고艷流泉湧이라其實은皆落ᄒᆞ고其花獨榮이라至有好色之家ᄂᆞᆫ以此爲花鳥之使ᄒᆞ며乞食之客은以此爲活計之媒라故로半爲婦人之右

니吾乃今知免矣와라旣而讒言이果不行ᄒᆞ다

譯

古今和歌序譯　　　　　　　　　　　　紀淑望

夫和歌者ᄂᆞᆫ託其根於心地ᄒᆞ고發其花於詞林者也라人之在世인不能無爲ㅣᆯ식思慮易遷ᄒᆞ고哀樂相變ᄒᆞ야感生於志ᄒᆞ고形詠於言이라是以로逸者ᄂᆞᆫ其詞樂ᄒᆞ고怨者ᄂᆞᆫ其音이悲ᄒᆞ니可以述懷오可以發憤이라動天地感鬼神ᄒᆞ며化人倫和夫婦ㅣ莫宜於和歌ㅣ로다和歌有六儀ᄒᆞ니一曰風이오二曰賦오三曰比오四曰興이오五曰雅오六曰頌이라若夫春鶯之囀花中과秋蟬之吟樹上은雖無曲折이나各發歌謠ᄂᆞᆫ物皆有之ᄒᆞ니自然之理也ㅣ니라然而神世七代에ᄂᆞᆫ時質人淳ᄒᆞ야情欲無分이라和歌未作이러니逮于素盞烏尊이到出雲國ᄒᆞ야ᄂᆞᆫ始有卅一字之咏ᄒᆞ니今反歌之作也로다其後ᄂᆞᆫ雖天神之孫과海童之女라도專莫不以和歌通者也러니爰及人代ᄒᆞ야此風이大興ᄒᆞ

不受라ᄒᆞ니傷於讒하야疾而甚之之辭也오又曰亂之初生에讒始旣涵하고亂之又生에君子信讒이라ᄒᆞ니始疑而終信之之謂也오孔子曰遠佞人이라ᄒᆞ니夫佞人을不能遠이면則有時而信之矣라今我恃直而不戒ᄒᆞ니禍其至哉ᆫ뎌徐又自解之曰市有虎는聽者庸也오曾參殺人은以愛惑聽也오巷伯之傷은亂世是逢也니라今三賢이方與天子謀는所以施政於天下ᄒᆞ야而階太平之治라聽聰而視明ᄒᆞ고公正而敦大ᄒᆞ니夫聰明則聽視不惑ᄒᆞ고公正則不邇讒邪ᄒᆞ고敦大則有以容而思어니彼讒人者ㅣ孰敢進而爲讒哉아雖進而爲之라도亦莫之聽矣리니我何懼而愼이리오◎旣累月에上命李公相ᄒᆞ다客이謂愈曰子ㅣ前被言於一相ᄒᆞ고今李公이又相ᄒᆞ니子其危哉ᆫ뎌愈曰前之謗於我宰相者란翰林이不知也ᄒᆞ고後之謗我於翰林者란宰相이不知也어늘今二公이合處而會ᄒᆞ야言若及愈ᄒᆞ면必曰韓愈도亦人耳라彼敖宰相ᄒᆞ고又敖翰林ᄒᆞ면其將何求아必不然이라ᄒᆞ리

扳聯之勢ᄒᆞ고於今에不善交人ᄒᆞ야無相先相死之友ᄒᆞ고於朝에無宿資蓄貨ᄒᆞ야以釣聲勢로다弱於才而腐於力ᄒᆞ고不能奔走乘機抵巇ᄒᆞ야以要權利ᄒᆞ나夫何恃而敖리오若夫狂惑喪心之人은蹈河而入火ᄒᆞ며妄言而罵詈者則有之矣나而愈ᄂᆞᆫ人이知其無是疾也라雖有讒者百人이나相國이將不信之矣리니愈何懼而愼歟아旣累月에又有來謂愈ᄒᆞ야曰有讒子於翰林舍人李公與裴公者ᄒᆞ니予其愼歟ᆫ더愈曰二公者ᄂᆞᆫ吾君이朝夕訪焉ᄒᆞ야以爲政於天下而階太平之治로다居則與天子爲心膂ᄒᆞ고出則與天子爲股肱이라四海九州之人이自百官以下로其孰不願忠而望賜리오愈也ㅣ不狂不愚ᄒᆞ고不蹈河而入火ᄒᆞ고病風而妄罵ᄒᆞ니不當有如讒者之說也라雖有讒者百人이나二公이將不信之矣리니愈何懼而愼이리오旣以語應客ᄒᆞ고○夜歸私自尤曰咄이여市有虎而曾參殺人은讒者之效也로다詩曰取彼讒人ᄒᆞ야投畀豺虎라도豺虎不食ᄒᆞ며投畀有北이라도有北

通以來ᄒᆞ라愈ㅣ再拜謝ᄒᆞ고退錄詩書若干篇ᄒᆞ야擇日時以獻ᄒᆞ다□於後之數月에有來謂愈者曰子獻相國詩書乎아曰然ᄒᆞ다曰有爲讒於相國之座曰호ᄃᆡ韓愈曰相國이徵余文ᄒᆞ니余不敢匿이나相國이豈知我哉아ᄒᆞ니子其愼之어다愈ㅣ應之曰愈爲御史ᄒᆞ야得罪德宗朝ᄒᆞ고同遷於南者ㅣ凡三人에獨愈를爲先收用ᄒᆞ니相國之賜ㅣ大矣오百官之進見相國者ㅣ或立語以退어늘而愈ᄂᆞᆫ辱賜坐語ᄒᆞ니相國之禮ㅣ過矣오四海九州之人이自百官以下로欲以其業으로徵相國左右者ㅣ多矣로ᄃᆡ皆憚而莫之敢이어늘獨愈ᄂᆞᆫ辱先索ᄒᆞ니相國之知ㅣ至矣로다賜之大와禮之過와知之至是三者를於敵以下受之라도宜以何報어늘況在天子之宰乎아人莫不自知로다凡適於用之爲才오堪其事之爲力이니愈於二者에雖日勉焉而不迨나束帶執笏ᄒᆞ고立士大夫之行ᄒᆞ야不見斥以不肖ㅣ幸矣어늘其何敢敖於言乎아夫敖雖凶德이나必有恃而敢行ᄒᆞ나니愈之族親이鮮少ᄒᆞ야無

●相似　京官似冬瓜暗長。鴉似措大。飢寒則吟。印似嬰兒常隨身。縣官似虎。動則害人。尼姑似鼠。入深所。燕似尼。有伴方行。婢似猫。煖處便住

●不快意　鈍刀切物。破帆使風。樹陰遮景致。築墻遮山。花時無酒。暑月背風排筵

●殺風景　花間喝道。看花淚下。苔上鋪席。斫却垂楊。花下曬裩。游春重載。石筍繫馬。月下把火。妓筵說俗事。果園種菜。背山起樓。花架下養鷄鴨

●不忍聞　孤舘猿啼。市井穢語。旅店秋砧聲。少婦哭夫。老人哭子。落第後喜鵲。乞兒夜號。居喪聞樂聲。纔及第便卒

釋

釋言　韓愈

元和元年六月十日에愈自江陵法曹로詔拜國子博士ᄒᆞ고始進見今相國鄭公ᄒᆞ니公이賜之坐ᄒᆞ고且曰吾ㅣ見子某詩호라吾ㅣ時在翰林ᄒᆞ야職親而地禁이라不敢相聞이러니今爲我ᄒᆞ야寫子詩書爲一

은何也오對曰天下之君이皆不肖ᄒᆞ야夫疾君之獨賢也故로亾ᄒᆞ니다虢君이喜ᄒᆞ야據式而歎曰嗟乎賢固若是苦耶아遂徒行卽於山中居라가飢倦枕御膝而臥러니御ㅣ以塊自易ᄒᆞ고逃行而去ᄒᆞ다君遂餓死ᄒᆞ야爲禽獸食ᄒᆞ니此ᄂᆞᆫ已亾矣오猶不寤所以亾ᄒᆞ니此ᄂᆞᆫ不醒者也로다◎故로先醒者ᄂᆞᆫ及時而伯ᄒᆞ고後醒者ᄂᆞᆫ三年而復ᄒᆞ고不醒者ᄂᆞᆫ枕土而死ᄒᆞ야爲虎狼食ᄒᆞ니嗚乎戒之哉어다

纂

義山雜纂　李商隱

● 必不來　醉客逃席。作客偸物去。追王侯家人。把棒呼狗。窮措大喚妓女

● 羞不出　新婦失禮。尼姑懷孕。相撲人面腫。富人作貧。處子犯物議。重孝醉酒

● 遲滯　新婦見客。窮漢醵率。貧家嫁娶。謁致仕官。孕婦行步

被服而立ᄒᆞ야無不曰吾君麗者로다吾ㅣ內外不聞吾過ᄒᆞ니吾ㅣ是
以至此로다吾困宜矣라於是에革心易行ᄒᆞ야衣苴布食䴸餕ᄒᆞ고朝
學道而夕講之ᄒᆞ야二年에美聞於宋ᄒᆞ니宋人이車徒迎而復位ᄒᆞ야
卒爲賢君ᄒᆞ니諡曰昭公이라旣亾矣오而乃寤所以存ᄒᆞ니此ᄂᆞᆫ後醒
者也」오昔者에虢君이驕恣自伐ᄒᆞ고諂諛親貴ᄒᆞ야諫君誅逐ᄒᆞ니政
事多亂ᄒᆞ야國人이不服이러라晋師伐之ᄒᆞ니虢人이不守ᄒᆞ야虢君
이出走라至於澤中曰吾渴而欲飮ᄒᆞ노라其御ㅣ乃進淸酒ᄒᆞ다曰吾
飢而欲食ᄒᆞ노라御進服脯粱糗ᄒᆞᆫᄃᆡ虢君이喜曰何給也오御曰儲之
久矣로이다曰何故儲之오對曰爲君出亾而道飢渴也니다君曰知寡
人亾耶아對曰知之니다知之면何以不諫고對曰君好諂諛而惡至言
이라臣欲諫이나恐先亾矣니다虢君이作色而怒ᄒᆞᆫᄃᆡ御ㅣ謝曰臣之
言過也ㅣ有間이니다君曰吾之亾者ᄂᆞᆫ誠何也오其御曰君不知耶아
君之所以亾者ᄂᆞᆫ以大賢也니다虢君曰賢은人之所以存也어ᄂᆞᆯ吾亾

遂弗受ᄒᆞ다乃南與晉人으로戰於兩棠ᄒᆞ야大克晉人ᄒᆞ고會諸侯於漢陽ᄒᆞ야申天子之辟禁ᄒᆞ니而諸侯ㅣ說服이러라莊王이歸過申侯之邑ᄒᆯᄉᆡ申侯ㅣ進飯이어ᄂᆞᆯ日中而王不食이라申侯ㅣ請罪曰臣이齋而具食甚潔이어ᄂᆞᆯ中日而不食ᄒᆞ니臣敢請罪ᄒᆞ노이다莊王이喟然歎曰非子之罪也로다吾ᄂᆞᆫ聞之호니曰其君이賢君也면而有師者王ᄒᆞ고其君이中君也면而有師者伯ᄒᆞ고其君이下君也어ᄂᆞᆯ而羣臣莫若者亾이라ᄒᆞ니今我ᄂᆞᆫ下君也라而羣臣이又莫若不穀ᄒᆞ니不穀이恐亡自憂也호라吾聞之호니世不絕賢이라天下有賢이라ᄒᆞ야ᄂᆞᆯ而我獨不得ᄒᆞ니若吾生者ᄂᆞᆫ何以食爲오ᄒᆞ더라故莊王이戰服大國ᄒᆞ고義從諸侯로ᄃᆡ戚然憂恐ᄒᆞ고聖智在身호ᄃᆡ而自措不肖ᄒᆞ야思得賢佐ᄒᆞ야日中忘飯ᄒᆞ니可謂明君矣라謂先寤所以存亾ᄒᆞ니此先醒者也」오昔宋昭公이出亡至於境ᄒᆞ야喟然歎曰嗚乎吾知所以亾矣로다吾朝臣千人이發政舉吏의無不曰吾君聖者오侍御者數百人이

博號也라大者는在人主ᄒᆞ고中者는在卿大夫ᄒᆞ고下者는在布衣之士ᄒᆞ니乃其正名이오非爲先醒也로다□彼世主ㅣ不學道理則嘿然惛於得失ᄒᆞ야不知治亂興亡之所由ᄒᆞ고沌沌然猶醉也ᄒᆞ며而賢主者는學問不厭ᄒᆞ고好道不倦ᄒᆞ야惠然獨先ᄒᆞ야迺學道理矣로다故로未治也에知所以治ᄒᆞ며未亂也에知所以亂ᄒᆞ며未安也에知所以安ᄒᆞ며未危也에知所以危故로昭然先寤乎所以存亡矣라故로曰先醒이로다譬猶俱醉而獨先發也라故로世主有醒者ᄒᆞ며有後醒者ᄒᆞ며有不醒者ᄒᆞ니다○昔楚莊王이卽位ᄒᆞ야自靜三年에以講得失ᄒᆞ고乃退僻邪而進忠正ᄒᆞ며能者任事而後在高位ᄒᆞ야內領國政ᄒᆞ고辟草而施教ᄒᆞ니百姓이富ᄒᆞ고民恒一ᄒᆞ야路不拾遺ᄒᆞ며國無獄訟이러라當是時也ᄒᆞ야周室이壞微ᄒᆞ야天子失制이宋鄭이無道ᄒᆞ야欺昧諸侯어늘莊王이圍宋城伐鄭ᄒᆞ니鄭伯이肉袒ᄒᆞ고牽羊奉簪而獻國이러라古者伐國은亂則整之ᄒᆞ고服則舍之오非利之也라ᄒᆞ고

自受氏로至漢魏히無顯者ᄒᆞ고而盛於晋宋之間이러니至公再世ᄒᆞ야有名爵於朝而四人이皆以材稱於世」러라先人이與公으로皆祥符八年進士라而公子景初等이以歷官行事로來曰願有述也ᄒᆞ야將獻之太史라ᄒᆞ더라謹撰次如右ᄒᆞ노라謹狀

論

貞惠文子諡辭　禮記

昔者衛國이凶饑어ᄂᆞᆯ夫子ㅣ爲粥ᄒᆞ야與國之饑者ᄒᆞ니是不亦惠乎」아昔者衛國이有難이어ᄂᆞᆯ夫子ㅣ以其死로衛寡人ᄒᆞ니不亦貞乎」아夫子ㅣ聽衛國之政에修其班制ᄒᆞ야以與四隣交ᄒᆞ야衛國之社稷ᄒᆞ니不亦文乎아故謂夫子를貞惠文子라호라

篇

先醒篇　賈誼

懷王이問於賈君曰人之知道者를爲先醒은何也」오賈君이對曰此ᄂᆞᆫ

信臣故渠ᄒᆞ야以水與民而罷其歲役이라가以卒故不就ᄒᆞ며於吏部所施는置爲後法ᄒᆞ며其在朝ᄒᆞ얀大事或諫ᄒᆞ고小事는或以其職言ᄒᆞ며郭皇后失位에稱詩白華ᄒᆞ야以諷爭者貶이어늘公又救之ᄒᆞ며嘗上書論四民失業ᄒᆞ며獻大寶箴ᄒᆞ며議昭武皇帝ㅣ不宜配上帝ᄒᆞ며請罷內作諸奇巧ᄒᆞ며因災異ᄒᆞ야推天所以譴告之意로言時政ᄒᆞ며又論方士는不宜入官ᄒᆞ야請追所賜詔ᄒᆞ며又以爲詔令은不宜偏出數易이라ᄒᆞ야請繇中書密院然後下ᄒᆞ니其所嘗言이甚衆이라不可悉이로다及知制誥에自以其近臣으로上이一有所不聞이면其責이令豫我라ᄒᆞ야愈慷慨欲以論諫爲己事라故로其葬也」에廬陵歐陽公이銘其墓에九歎其不壽ᄒᆞ니用不極其材云이로다卒之日에歐陽公이入哭其堂의椸無新衣ᄒᆞ며出視其家의庫無餘財오蓋食者數十人에三從孤弟侄이皆在ᄒᆞ고而治衣櫛纔二婢러라平居寬然ᄒᆞ야貞不自持ᄒᆞ나至其敢言自守ᄒᆞ얀矯然壯者也」러라謝氏本姓은任이니

尙書兵部員外郞知制誥謝公行狀

王安石

公의諱는絳이오字는希深이오其先은陳郡陽夏人이니以試秘書省校書郞으로起家中進士甲科ᄒᆞ야守太常寺奉禮郞ᄒᆞ고七遷至尙書兵部員外郞以卒ᄒᆞ다嘗知汝之潁陰縣、校理秘書、直集賢院、通判常州河南府ᄒᆞ며爲開封府三司度支判官ᄒᆞ야與修眞宗史ᄒᆞ며知制誥判吏部、流內銓ᄒᆞ고最後以請知鄧州로遂葬於鄧ᄒᆞ니年四十六에其卒以寶元二年ᄒᆞ니라公以文章으로貴朝廷ᄒᆞ야藏於家凡八十卷이라其制誥는世所謂楊、元、白이不足多也러라而又有事材ᄒᆞ니遇事尤劇ᄒᆞ며尤若簡而有餘라所止에輒大興學舍ᄒᆞ며莊懿明肅太后ㅣ起二陵於河南에不取一物於民而足은皆公力也라後河南에聞公喪ᄒᆞ고有出涕者ᄒᆞ며諸生이至今祠公像於學ᄒᆞ더라鄧州에有僧某ᄒᆞ니誘民男女數百人ᄒᆞ야以昏夜聚爲妖ᄒᆞ야積六七年不拔이러니公至에立殺其首ᄒᆞ고弛其餘不問ᄒᆞ며又欲破美陽堰ᄒᆞ며廢職田ᄒᆞ고復召

인ᄃᆡ或恐所害實深이니一則遠近驚惶이오二則人士失業이로다臣은聞古之求雨之詞曰人失職與아然則人之失職은足以致旱이라ᄒᆞ니今에緣旱而停擧選이면是ᄂᆞᆫ使人失職而召災也니다○臣은又聞君者ᄂᆞᆫ陽也오臣者陰也라獨陽爲旱ᄒᆞ고獨陰爲水라ᄒᆞ니今者陛下聖明이在上ᄒᆞ사雖堯舜이나無以加之어ᄂᆞᆯ而羣臣之賢이不及於古ᄒᆞ고又不能盡心於國ᄒᆞ야與陛下同心ᄒᆞ며助陛下爲理ᄒᆞ니有君無臣이라是以久旱이니다◎以臣之愚로ᄂᆞᆫ以爲宜求純信之士와骨鯁之臣에憂國如家ᄒᆞ며忘身奉上者ᄒᆞ야超其爵位ᄒᆞ야置在左右ᄒᆞ시고如殷高宗之用傳說과周文王之擧太公과齊桓公之拔甯戚과漢武帝之取公孫弘ᄒᆞ사淸閒之餘에時賜召問ᄒᆞ시면必能輔宣王化ᄒᆞ야銷殄旱災ᄒᆞ리다臣雖非朝官이나月受俸錢ᄒᆞ며歲受祿粟ᄒᆞ니苟有所知면不敢不言이니다

行狀

永矣라誰箴余闕고嗚乎哀哉라仁焉而終ᄒᆞ고智焉而斃로다黔婁既沒ᄒᆞ니展禽亦逝로다其在先生ᄒᆞ야同塵往世로다旌此靖節ᄒᆞ야加彼康惠로다嗚乎哀哉라

狀

論今年停舉選狀 韓愈

右臣은見今月十日勅호니今年諸色舉選을宜權停者라道路相傳이皆云以歲之旱으로陛下ㅣ憐閔京師之人ᄒᆞ사慮其乏食故로權停舉選ᄒᆞ야以絶其來者ᄂᆞᆫ所以省費而足食也러이다臣伏思之호니竊以爲十家之口ㅣ益之以一二人이면於食에未有所費어ᄂᆞᆯ今京師之人이不啻百萬이오都計舉者컨ᄃᆡ不過五七千人이라並其僮僕畜馬라도不當京師百萬分之一ᄒᆞ니以十口之家로計之면誠未爲有所損益이오又今年雖旱이나去歲大豐이라商賈之家에必有儲蓄ᄒᆞ며舉選者ㅣ皆齎持資用ᄒᆞ야以有易無ᄒᆞ니未見其弊로다今若暫停舉選

이로다陳書綴卷ᄒᆞ고置酒絃琴이로다居備勤儉ᄒᆞ고躬兼貧病이로다人否其運이어늘子然其命이로다隱約就閑ᄒᆞ야遷延辭聘이로다非直也明이라是惟道性이로다糾纏斡流ᄒᆞ고冥漠報施로다孰云與仁고實疑明智로다謂天蓋高ᄒᆞ니胡諐斯義오履信曷憑이며思順何寘아年在中身ᄒᆞ야疢維中疾이로다視死如歸ᄒᆞ고臨凶若吉이로다藥劑弗嘗이오禱祀非恤이로다傃幽告終ᄒᆞ고懷和長畢이로다嗚乎哀哉라敬述靖節ᄒᆞ니式遵遺占이로다存不願豐ᄒᆞ고沒不求贍이로다省計却賻ᄒᆞ고輕哀薄斂이로다遭壤以穿ᄒᆞ고旋葬而窆이로다嗚乎哀哉라深心追往ᄒᆞ고遠情逐化로다自爾介居로及我多暇로다伊好之洽이여接閻隣舍로다宵盤晝憩ᄒᆞ니非舟非駕로다念昔宴私ᄒᆞ니舉觴相誨로다獨正者危ᄒᆞ고至方則閡이로다哲人卷舒ᄂᆞᆫ布在前載로다取鑒不遠ᄒᆞ니吾規子佩로다爾實愀然이라中言而發이로다違衆速尤ᄒᆞ니逆風先蹷이로다身才非實이라榮聲有歇이로다叡音

謚高로다苟允德義면貴賤何算焉고若其寬樂令終之美와好廉克己之操ᄂᆞᆫ有合謚典이오無愆前志로다故로詢諸友好ᄒᆞ야宜謚曰請節徵士라ᄒᆞ니其辭曰

物尙孤生이오人固介立이로다豈伊時遘리오曷云世及가嗟乎若士여望古遙集이로다韜此洪族ᄒᆞ야蔑彼名級이로다睦親之行은至自非敦이라然諾之信이重於布言이로다廉深簡潔ᄒᆞ고貞夷粹溫이로다和而能峻ᄒᆞ고博而不繁이로다依世尙同이나詭時則異로다有一於此ᄒᆞ니兩非默置로다豈若夫子로因心違事리오畏榮好古ᄒᆞ고薄身厚志로다世覇虛禮ᄒᆞ고州壤推風이로다孝惟義養이라道必懷邦이로다人之秉彝ᄂᆞᆫ不隘不恭이로다爵同下士ᄒᆞ고祿等上農이로다度量難均ᄒᆞ나進退ᄂᆞᆫ可限이로다長卿棄官ᄒᆞ고稚賓自勉이로다子之悟之ᄂᆞᆫ何悟之辨고賦詩歸來ᄒᆞ야高蹈獨善이로다亦能超曠ᄒᆞ니無適非心이로다汲流舊巘에葺宇家林이로다晨烟暮靄오春煦秋陰

菁華隱沒ᄒᆞ고芳流歇絕ᄒᆞ니不其惜乎아雖今之作者ᄂᆞᆫ人自爲量ᄒᆞ야而道路同塵이나輟塗殊軌者多矣로다豈所以昭末景ᄒᆞ며汎餘波」리오有晉徵士尋陽陶淵明ᄒᆞ니南岳之幽居者也라弱不好弄ᄒᆞ고長實素心이라學非稱師오文取指達이로다在衆不失其寡ᄒᆞ고處言愈見其默이로다少而貧病이나居無僕妾이로다井臼弗任ᄒᆞ며藜菽不給이라母老子幼ᄒᆞ야就養勤匱라遠惟田生致親之誠ᄒᆞ고追悟毛子捧檄之懷로다初辭州府三命이라가後爲彭澤令ᄒᆞ야道不遇物ᄒᆞ니棄官從好라遂乃解體世紛ᄒᆞ고結志區外ᄒᆞ야定迹深棲라於是乎遠灌畦鬻蔬ᄒᆞ야爲供魚菽之祭ᄒᆞ고織絢緯蕭ᄒᆞ야以充糧粒之費러라心好異書ᄒᆞ고性樂酒德이호다簡棄煩促ᄒᆞ고就成省曠ᄒᆞ니殆所謂國爵屛貴ᄒᆞ고家人忘貧者與아有詔徵爲著作郞호ᄃᆡ稱疾不到」러라春秋若干에元嘉四年月日、卒于尋湯縣之某里ᄒᆞ니近識悲悼ᄒᆞ고遠士傷情이로다冥默福應ᄒᆞ니嗚乎淑貞이로다夫實以誄華ᄒᆞ고名由

壤ᄒᆞ고而爲金玉之精ᄒᆞ며不然이면生長松之千尺ᄒᆞ며産靈芝而九莖이어ᄂᆞᆯ奈何荒烟野蔓에荊棘이縱横ᄒᆞ며風凄露下에走燐飛螢이오但見牧童樵叟ㅣ歌唫而上下ᄒᆞ며與夫驚禽駭獸ㅣ悲鳴躑躅而咿嚶ᄒᆞ나다今固如此ᄒᆞ니更千秋而萬歲兮여安知其不穴藏狐貉與鼯鼪이리오此ᄂᆞᆫ自古聖賢이亦然兮여獨不見夫纍纍乎曠野與荒城가

◎嗚乎曼卿아盛衰之理ᄅᆞᆯ吾固知其如此로ᄃᆡ而感念疇昔ᄒᆞ니悲凉悽愴ᄒᆞ야不覺臨風而隕涕者ᄂᆞᆫ有愧夫太上之忘情이로다尙饗

誄

陶徵士誄　　顔延之

夫璿玉致美ᄒᆞ니不爲池隍之寶오桂椒信芳ᄒᆞ니而非園林之實이로다豈期淡而好遠哉아蓋云殊性而已로다故無足而至者ᄂᆞᆫ物之籍也오隨踵而立者ᄂᆞᆫ人之薄也로다若乃巢高之抗行과夷皓之峻節은故已父老堯禹ᄒᆞ고錙銖周漢이나而綿世浸遠ᄒᆞ야光靈不屬이라至使

偭蟂獺以隱處兮여夫豈從蝦與蛭螾이리오所貴聖人之神德兮여遠濁世而自藏이로다使騏驥로可得而羈兮여豈云異犬羊이리오般紛紛其離此尤兮여亦夫子之故也로다歷九州而相其君兮여何必懷此都也오◎鳳凰이翔于千仞兮여覽德耀而下之로다見細德之險徵兮여遙曾擊而去之로다彼尋常之汙瀆兮여豈能容夫吞舟之巨魚며橫江湖之鱣鯨兮여固將制於螻蟻리오

祭文

祭石曼卿文

歐陽脩

嗚乎曼卿아生而爲英ᄒᆞ고死而爲靈ᄒᆞ니其同乎萬物生死로다而復歸於無物者ᄂᆞᆫ暫聚之形이오不與萬物共盡ᄒᆞ고而卓然其不朽者ᄂᆞᆫ後世之名이로다□此ᄂᆞᆫ自古聖賢이莫不皆然이라而著在簡冊者ㅣ昭如日星이로다○嗚乎曼卿아吾不見子久矣나猶能彷彿子之平生ᄒᆞ노니其軒昂磊落과突兀崢嶸을而埋藏於地下者ᄂᆞᆫ意其不化爲朽

誼爲長沙王太傅ᄒᆞ야旣以謫去ᄒᆞ니意不自得일ᄉᆡ及渡湘水ᄋᆡ爲賦以弔屈原ᄒᆞ니屈原은楚賢臣也라被讒放逐ᄒᆞ야作離騷賦ᄒᆞ니其終篇曰已矣哉라國無人兮莫我知也라ᄒᆞ고遂自投汨羅而死ᄒᆞ니라誼追傷之ᄒᆞ야因自喩ᄒᆞ니其辭曰

恭承嘉惠兮여俟罪長沙로다側聞屈原兮여自投汨羅로다造託湘流兮여敬弔先生이로다遭世罔極兮여乃隕厥身이로다□嗚呼哀哉라逢時不祥ᄒᆞ니鸞鳳伏竄兮여鴟梟翺翔ᄒᆞ며闒茸尊顯兮여讒諛得志로다聖賢逆曳兮여方正倒植이로다世謂隨夷爲溷兮여謂跖蹻爲廉이로다莫邪爲鈍兮여鉛刀爲銛이로다吁嗟默默生之無故兮여斡棄周鼎ᄒᆞ니寶康瓠兮로다騰駕罷牛ᄒᆞ고驂蹇驢兮로다驥垂兩耳ᄒᆞ고服鹽車兮로다章甫薦履ᄒᆞ니漸不可久兮로다○嗟苦先生이獨離此咎兮여訊曰已矣로다國其莫我知兮여獨壹鬱其誰語아鳳漂漂其高逝兮여固自引而遠去로다襲九淵之神龍兮여沕深潛以自珍이로다

色而言曰子徒辯子之愁形이오不知子愁ㅣ所由而生ᄒᆞ니我獨爲子ᄒᆞ야言其當矣로리라方今大道ㅣ既隱이라子生末季ᄒᆞ야沉溺流俗ᄒᆞ며眩惑名位로다濯纓彈冠ᄒᆞ야諂趣榮貴로다坐不安席ᄒᆞ고食不終味로다遑遑汲汲ᄒᆞ야或憔或悴로다所鬻者名이오所狥者利로다良由華薄ᄒᆞ야凋損正氣로다吾將贈子以無爲之藥ᄒᆞ며給子以淡薄之湯호리라刺子以玄虛之鍼ᄒᆞ며灸子以淳朴之方호리라安子以恢廓之宇ᄒᆞ며坐子以寂寞之牀ᄒᆞ야使王喬로與子遨遊而逝ᄒᆞ며黃公으로與子咏歌而行호리라莊子로與子具養神之撰ᄒᆞ며老子로與子致愛性之方호리라趣避路而捷迹ᄒᆞ며乘輕雲而翺翔호리라ᄒᆞ더라

◎於是에精駭魄散ᄒᆞ야改心回趣ᄒᆞ고願納至言ᄒᆞ야仰崇玄度호리다衆愁ㅣ忽然不辭而去ᄒᆞ더라

吊文

弔屈原文

賈誼

不足ᄒᆞ고智有所不明이로다數有所不逮ᄒᆞ고神有所不通이로다用君之心ᄒᆞ며行君之意ᄒᆞ니龜策이誠不能知此事로다

文

釋愁文

曹植

予以愁慘으로行吟路邊ᄒᆞ니形容이枯悴ᄒᆞ고憂心如醉러라□有玄靈先生ᄒᆞ야見而問之曰子將何疾以至於斯오答曰吾所病者ᄂᆞᆫ愁也로다先生曰是何物이완ᄃᆡ而能病子乎아答曰愁之爲物이惟恍惟惚ᄒᆞ야不召自來ᄒᆞ며推之不往이로다尋之ᄋᆡ不知其際ᄒᆞ며握之ᄋᆡ不盈一掌이로다寂寂長夜에或羣或黨이로다去來無方ᄒᆞ야亂我情爽이로다其來也難退ᄒᆞ고其去也易追로다臨餐困於哽咽ᄒᆞ고頓寃毒於酸嘶로다加之以粉飾不澤ᄒᆞ고飮之以兼肴不肥로다溫之以金石不消ᄒᆞ며麾之以神膏不希로다授之以巧笑不悅ᄒᆞ고樂之以絲竹增悲로다醫和ㅣ絕思而無措ᄒᆞ니先生이豈能爲我著龜乎아○先生이作

屈原이既放의三年을不得復見ᄒᆞ고竭智盡忠이나蔽障於讒ᄒᆞ야心煩意亂ᄒᆞ야不知所從일시□乃往見太卜鄭詹尹曰余有所疑라願因先生決之ᄒᆞ노라詹尹이乃端策拂龜ᄒᆞ고曰君將何以敎之오○屈原曰吾寧悃悃款款ᄒᆞ야朴以忠乎아將送往勞來斯無窮乎아寧誅鋤草茅以力耕乎아將遊大人以成名乎아寧正言不諱以危身乎아將從容富貴以偸生乎아寧超然高擧以保眞乎아將哫訾慄斯ᄒᆞ며喔咿嚅唲以事婦人乎아寧廉潔正直以自淸乎아將突梯滑稽ᄒᆞ야如脂如韋以絜楹乎아寧昂昂若千里之駒乎아將氾氾若水中之鳧乎아與波上下ᄒᆞ야聊以全吾軀乎아寧與騏驥抗軛乎아將隨駑馬之迹乎아寧與黃鵠比翼乎아將與鷄鶩爭食乎아此孰吉孰凶이며何去何從고世溷濁而不淸ᄒᆞ니蟬翼爲重이오千鈞爲輕이로다黃鐘毁棄ᄒᆞ니瓦釜雷鳴이로다讒人高張ᄒᆞ니賢士無名이로다吁嗟嘿嘿兮여誰知吾之廉直고◎詹尹이乃釋策而謝曰夫尺有所短ᄒᆞ고寸有所長이로다物有所

노니一人이三失이어니怨豈在明이리오不見에是圖ㅣ니라○予臨兆民ᄒᆞᄃᆡ懍乎若朽索之馭六馬ᄒᆞ도소니◎爲人上者는奈何不敬고

其二曰訓에有之ᄒᆞ시니○內作色荒이어나外作禽荒이어나甘酒嗜音이어나峻宇彫墻이어나◎有一于此ᄒᆞ면未或不亡이니라

其三曰○惟彼陶唐으로有此冀方ᄒᆞ시니◎今失厥道ᄒᆞ야亂其紀綱ᄒᆞ사乃底滅亡이로다

其四曰明明我祖는萬邦之君이시니○有典有則ᄒᆞ야貽厥子孫이라關石和鈞이王府에則有ᄒᆞ니◎荒墜厥緖ᄒᆞ야覆宗絶祀로다

其五曰嗚呼曷歸오予懷之悲여○萬姓이仇予ᄒᆞ나니予將疇依오◎鬱陶乎라予心이여顔厚有忸怩호라不愼厥德이어니雖悔ㅣㄴ들可追아

騷

卜居騷

屈原

丙之辰이며龍尾伏辰이로다均服振振이며取虢之旂로다鶉之賁賁이며天策焞々이로다火中成軍이며虢公其奔이로다

歌

接輿歌　　孔子

鳳兮鳳兮何德之衰오□往者는不可諫이어니와來者는猶可追已로다○而已라◎而今之從政者ㅣ殆而로다

五子歌　　尙書

太康이尸位ᄒᆞ야以逸豫로滅厥德ᄒᆞᆫᄃᆡ黎民이咸貳커늘乃盤遊無度ᄒᆞ야畋于有洛之表ᄒᆞ야十旬弗反ᄒᆞ니라有窮后羿ㅣ因民弗忍ᄒᆞ야距于河ᄒᆞ니라厥弟五人(卽太康弟)이御其母以從ᄒᆞ야徯于洛之汭ᄒᆞ더니五子ㅣ咸怨ᄒᆞ야述大禹之戒ᄒᆞ야以作歌ᄒᆞ니라

其一曰皇祖ㅣ有訓ᄒᆞ시니民可近이언뎡不可下니라民惟邦本이니本固라사邦寧ᄒᆞᄂᆞ니라□予視天下혼ᄃᆡ愚夫愚婦ㅣ一能勝予라ᄒᆞ

肌와嗜欲之感情ᄒᆞ야俯視萬物이擾擾焉如江漢之浮萍ᄒᆞ며二豪ㅣ侍側焉이如蜾蠃之與螟蛉이러라

誦

輿誦 史傳

取我衣冠而褚之ᄒᆞ며取我田疇而伍之로다□孰殺子產고吾其與之ᄒᆞ리라○我有子弟ᄒᆞ니子產이誨之ᄒᆞ며我有田疇ᄒᆞ니子產이殖之러니◎子產이死ᄒᆞ니誰其嗣之오

謳 獨歌曰謳

築謳 史傳

澤門之晳이여實興我役이로다邑中之黔이여實慰我心이로다 晳卽明辨之意想稱監董之人

謠 齊歌曰謠

晉謠 史傳

成王冠頌　周　公

令月吉日에王이始加元服이샷다□去王幼志ᄒᆞ시고服衮職ᄒᆞ소셔
○欽若昊命ᄒᆞ시사六合是式ᄒᆞ소셔◎率爾祖考ᄒᆞ사永永無極ᄒᆞ소
셔

酒德頌　劉　伶

有大人先生ᄒᆞ니以天地爲一朝ᄒᆞ고萬期爲須臾ᄒᆞ며日月爲扃牖ᄒᆞ
고八荒爲庭衢ᄒᆞ야行無轍迹ᄒᆞ고居無室廬라幙天席地ᄒᆞ야縱意所
如ᄒᆞ며止則操巵執瓢ᄒᆞ고動則挈榼提壺ᄒᆞ야惟酒是務어니焉知其
餘리오□有貴介公子와搢紳處士ᄒᆞ야聞吾風聲ᄒᆞ면議其所以ᄒᆞ야
乃奮袂攘衿ᄒᆞ며怒目切齒ᄒᆞ야陳說禮法ᄒᆞ야是非蜂起러라○先生
이於是에方捧甖承槽ᄒᆞ고銜盃漱醪ᄒᆞ며奮髥箕踞ᄒᆞ고枕麯藉糟ᄒᆞ
며無思無慮ᄒᆞ야其樂이陶陶로다◎兀然而醉ᄒᆞ고怳爾而醒ᄒᆞ니靜
聽이不聞雷霆之聲ᄒᆞ며熟視의不見泰山之形이로다不覺寒暑之切

有謬舉면甘伏朝典ᄒᆞ리이다

訟

訟風伯

韓　愈

維玆之旱兮여其誰之由오我知其端兮여風伯是尤로다□山升雲兮澤上氣ᄒᆞ며雷鞭車兮電搖幟ᄒᆞ야雨寢寢兮將墜어ᄂᆞᆯ風伯怒兮여雲不得上이로다暘烏之仁兮여念此下民ᄒᆞ야闔其光兮不鬪其神이어ᄂᆞᆯ嗟風伯兮여其獨謂何오○我於爾兮豈有其他리오求其時兮修祀事로다羊甚肥兮酒甚旨ᄒᆞ니食足飽兮飮足醉로다風伯之怒兮여誰使雲屛屛兮어ᄂᆞᆯ吹使醨之ᄒᆞ며氣將交兮어ᄂᆞᆯ吹使離之ᄒᆞ야鑠之使氣不能化ᄒᆞ며寒之使雲不得施로다嗟爾風伯兮여欲逃其罪나又何辭오上天孔明兮여有紀有綱이로다◎我今上訟兮여其罪誰當고天誅加兮여不可悔로다風伯雖死兮나人誰汝傷고

頌

欲言也로이다◎伏惟陛下는荷朝宗之業ᄒᆞ사承宗廟社稷之重이라皇子未降ᄒᆞ야儲位久虛ᄒᆞ니羣臣이累言니나大議를未決이라臣의前所奏陳이以謂未必立爲儲貳라而且養爲子ᄒᆞ사旣可以徐察其賢否ᄒᆞ며亦可以待皇子之降生이시니於今爲之면亦其時也니다臣은言狂計愚ᄒᆞ니伏俟斧鉞ᄒᆞ노이다

劄子

擧蘇軾應制科劄子　仝人

右臣은伏以國家ㅣ開設科目은以待賢俊이오又詔兩省之臣ᄒᆞ사擧其所知ᄒᆞ야各以聞達은所以廣得人之路ᄒᆞ야副仄席之求로다臣雖庸暗이나其敢不勉이릿가□臣은伏見新授河南府福昌縣主簿蘇軾은學問이通博ᄒᆞ고姿識이敏明ᄒᆞ며文采爛然ᄒᆞ고論議蜂出ᄒᆞ며其行業修飭은名聲이甚遠이라○臣今保擧ᄒᆞ노이다堪應材識이兼茂ᄒᆞ야明於體用科ᄒᆞ니欲望聖慈는召付有司ᄒᆞ사試其所對ᄒᆞ소셔如

於宗室之中에選材賢可喜者ᄒᆞ사錄以爲皇子ᄒᆞ사使其出入左右ᄒᆞ
며問安侍膳ᄒᆞ시면亦足以慰悅聖情이니다○臣은考於書史컨ᄃᆡ竊
見自古帝王이雖曰至尊이나未嘗獨處也ᄒᆞ니其出而居外也엔不止
百司ㅣ公見奏事而已라必有儒臣學士ᄒᆞ야講論於閒宴ᄒᆞ며又有左
右侍從ᄒᆞ야顧問語言ᄒᆞ며其入而居內也엔不止宦官宮妾이在於左
右而已라其平居燕寢也에則有太子ᄒᆞ야問安侍膳於朝夕ᄒᆞ며其優
游宴樂也에多與宗室子弟로懽然相接如家人ᄒᆞ야計其一日之中에
未嘗一時獨處也ᄒᆞ니다今陛下ㅣ日御前後殿에百司奏事者ㅣ往往
仰瞻天顏而退ᄒᆞ고其甚幸者아得承一二言之德音이나君臣之情이
不通ᄒᆞ며上下之意未接ᄒᆞ고其餘在廷之臣과儒學侍從之列엔未聞
一人이從容親近於左右ᄒᆞ며入而居內則至於問安侍膳ᄒᆞ야亦闕於
朝夕ᄒᆞ니是則陛下ㅣ富有四海之廣ᄒᆞ시며躬享萬乘之尊ᄒᆞ시나居
外則無一人可親ᄒᆞ시고居內則無一人得親ᄒᆞ시나此臣所以區區而

論皇子䟽 歐陽脩

臣은聞言天下之難言者ᄂᆞᆫ不敢冀必然之聽이라知未必聽而不可不言者ᄂᆞᆫ所以盡爲忠之心이온況臣은遭遇聖明ᄒᆞ야容納諫諍ᄒᆞ시니言之의未必不聽이라其可默而不言이릿가臣은伏見自去歲以來로羣臣이多言皇嗣之事라臣亦嘗因災異ᄒᆞ야竊有所陳ᄒᆞ니雖聖度包容ᄒᆞ사不加誅戮ᄒᆞ시나而愚誠懇至에天聽을未回ᄒᆞ니臣實不勝愛君之心ᄒᆞ야日夜區區未嘗忘此라思欲再陳狂瞽로되而未知所以爲言이러니□今者伏見充國公主ㅣ近已出降ᄒᆞ시니臣은因竊思人之常道ㅣ莫親於父子之親이오人之常情이亦莫樂於父子之樂이라雖在聖哲ᄒᆞ샤異於凡倫이나其爲天性ᄒᆞ샤於理則一이니다陛下ㅣ嚮雖未有皇嗣ᄒᆞ시나而尙有公主之愛ᄒᆞ사上慰聖顔이러시니今旣出降ᄒᆞ야漸䟽左右라則陛下萬幾之暇에處深宮之中ᄒᆞ사誰可與語言ᄒᆞ시며誰可承顔色이릿고臣愚ᄂᆞᆫ以謂宜因此時ᄒᆞ야出自聖意ᄒᆞ사

楚之善射者也라去楊葉百步ᄒᆞ야百發百中ᄒᆞ나니楊葉之大에加百中焉ᄒᆞ니可謂善射矣로다然이나其所止ᄂᆞᆫ百步之內耳라比於臣乘ᄒᆞ야ᄂᆞᆫ未知操弓持矢也ㅣ니다福生有基ᄒᆞ고禍生有胎ᄒᆞ니納其基絕其胎ᄒᆞ면禍何自來오泰山之霤ㅣ穿石ᄒᆞ고彈極之統이斷幹ᄒᆞ니水非石之鑽이며索非木之鉅언마ᄂᆞᆫ漸靡使之然也로다夫銖銖而稱之라도至石必差ᄒᆞ고寸寸而度之라도至丈必過로ᄃᆡ石稱丈量은徑而寡失이로다夫十圍之木이라도始生而蘖ᄒᆞ얀足可搔而絕이오手可擢而拔은據其未生ᄒᆞ며先其未形이오磨礱砥礪ᄂᆞᆫ不見其損이로ᄃᆡ有時而盡ᄒᆞ며種樹畜養은不見其益이로ᄃᆡ有時而大ᄒᆞ나니積德累行은不知其善이나有時而用ᄒᆞ고棄義背理ᄂᆞᆫ不知其惡이나有時而亡ᄒᆞ나이다臣願大王은熟計而身行之ᄒᆞ소셔此ᄂᆞᆫ百世不易之道也니다

䟽

念惻怛之心於臣乘言ᄒᆞ쇼셔夫以一縷之任으로懸千鈞之重ᄒᆞ야上懸之無極之高ᄒᆞ고下垂之不測之淵이면雖甚愚之人이라도哀其將絶也ᄒᆞ나니다馬方駭어ᄂᆞᆯ鼓而驚之ᄒᆞ면係方絶이라又重鎭之라가係絶於天이면不可復結이오墜入深淵이면難以復出이로다其出不出이間不容髮이니能聽忠臣之言이면百擧必脫ᄒᆞ나이다必若所欲爲ㅣᆫᄃᆡ危於累卵ᄒᆞ며難於上天이오變所欲爲ㅣᆫᄃᆡᆫ易於反掌ᄒᆞ며安於泰山이어ᄂᆞᆯ今欲極天命之上壽ᄒᆞ며欲無窮之極樂인ᄃᆡᆫ究萬乘之勢ㅣ不出反掌之易하며居泰山之安이라而欲乘累卵之危ᄒᆞ며走上天之難ᄒᆞ니此愚臣之所大惑也니다人이性有畏其影而惡其跡ᄒᆞ야却背而走ᄒᆞ니迹愈多影愈疾이라不如就陰而止니影滅이라야跡絶이로다欲人勿聞인ᄃᆡ莫若勿言이오欲人勿知ㅣᆫᄃᆡ莫若勿爲오欲湯之滄인ᄃᆡ一人이炊之오百人이揚之라도無益也라不如絶薪止火而已니不絶之於彼而救之於此ᄒᆞ면譬猶抱薪而救火也오養由基ᄂᆞᆫ

야以照臨百官ᄒᆞᄂᆞ니百官이於是乎戒懼ᄒᆞ야而不敢易紀律ᄒᆞᄂᆞ니
다今滅德立違ᄒᆞ고而置賂器於太廟ᄒᆞ야以明示百官이라가百官이
象之ᄒᆞ면其又何誅焉고國家之敗ᄂᆞᆫ由官邪也오官之失德은寵賂章
也ㅣ어ᄂᆞᆯ郜鼎在廟ᄒᆞ면章孰甚焉이리오武王이克商ᄒᆞ고遷九鼎于雒
邑의義士ㅣ猶或非之어든況將昭違亂之賂器於太廟ᄒᆞ면其若之何
오

奏

奏吳王　　枚乘

臣은聞得全者昌ᄒᆞ고失全者亡이라舜無立錐之地也로ᄃᆡ以有天下
ᄒᆞ고禹無十戶之聚로ᄃᆡ以王諸侯ᄒᆞ고湯武之土ᄂᆞᆫ不過百里로ᄃᆡ上
不絕三光之明ᄒᆞ며下不傷百姓之心者ᄂᆞᆫ有王術也ㅣ라故父子之道ᄂᆞᆫ
天性也라忠臣이不避重誅而直諫ᄒᆞ면則事無遺策ᄒᆞ고功流萬世ᄒᆞ
나니다臣乘이願披腹心ᄒᆞ야以效愚忠ᄒᆞ노니惟大王은少加意ᄒᆞ사

見威王曰臣이誠知不如徐公美어늘臣之妻는私臣ᄒᆞ고臣之妾은畏臣ᄒᆞ고臣之客은欲有求於臣ᄒᆞ야皆以美於徐公ᄒᆞ니今齊는地方이千里오百二十城이라宮婦左右ㅣ莫不私王ᄒᆞ며朝廷之臣이莫不畏王ᄒᆞ며四境之內ㅣ莫不有求於王ᄒᆞ니由此觀之ᄒᆞ면王之蔽ㅣ甚矣니이다王曰善타ᄒᆞ다

諫

臧哀伯이諫桓公納鼎　左傳

曰君人者는將昭德塞違ᄒᆞ야以照臨百官ᄒᆞ되猶懼或失之故로昭令德ᄒᆞ야以示子孫ᄒᆞᄂᆞ니是淸廟茅屋과大路越席과大羹不致와粢食不鑿은昭其儉也오袞冕黻珽과帶裳幅舃과衡紞紘綖은昭其度也오藻率鞞鞛와鞶厲游纓은昭其數也오火龍黼黻은昭其文也오五色比象은昭其物也오錫鸞和鈴은昭其聲也오三辰旂旗는昭其明也로다夫德은儉而有度ᄒᆞ고升降有數ᄒᆞ야文物以紀之ᄒᆞ며聲明以發之ᄒᆞ

之于巨川ᄒᆞ야一引而獲太公ᄒᆞ고再擧而登尙父로다由此觀之ᄒᆞ면蹲會稽而沉轄者ᄂᆞᆫ鮑肆之徒也오踞滄海而貧鰲者ᄂᆞᆫ漁父之事也라斯ᄂᆞᆫ並眇小者之所習이어니安知丈夫之所爲哉아

諷

鄒忌諷齊王 國策

鄒忌ᄂᆞᆫ脩八尺有餘오而形貌ㅣ昳麗ᄒᆞ더라□朝服衣冠ᄒᆞ고窺鏡謂其妻曰我孰與城北徐公美오其妻曰君美甚이라徐公이何能及君也오ᄒᆞ더라城北徐公은齊國之美麗者也라忌不自信ᄒᆞ고而復問其妾曰吾孰與徐公美오妾曰徐公이何能及君也오旦日에客從外來라與坐談問之호ᄃᆡ吾與徐公孰美오客曰徐公이不若君之美也라ᄒᆞ더라

○明日에徐公이來어ᄂᆞᆯ孰視之ᄒᆞ고自以爲不如ᄒᆞ야窺鏡而自視ᄒᆞ니又弗如遠甚이라暮寢而思之曰吾妻之美我者ᄂᆞᆫ私我也오妾之美我者ᄂᆞᆫ畏我也오客之美我者ᄂᆞᆫ欲有求於我也라ᄒᆞ고◎於是에入朝

烹之이可以習政術이오羞之이可以助庖厨어늘爨求之눈將何圖며今捨之눈將何欲고○予ㅣ笑而應之曰聖人은不凝滯于物ᄒᆞ고智士눈不推移于時ᄒᆞᄂᆞ니知機之謂神이오舍生之謂道로다殷王은聖也로ᄃᆡ因于夏ᄒᆞ고孔丘눈賢也로ᄃᆡ畏于匡ᄒᆞ니且夫明哲之賢도尙懼幽憂之患이온况鱗羽之族이能無弋釣之累哉아故로爨吾有心也엔求之不得이러니今吾無心也엔故旣得而捨ᄒᆞ니求與舍不亦雙美乎아烹與羞不亦兩傷乎아况療饑者눈半菽이可以充腹이오爲政者눈一言이可以興邦이라亦奚必因小鮮而後明三異之規ᄒᆞ며勦大命而後에冀一飱之飽리오擒而不殺ᄒᆞ니可不謂仁乎아獲而不烹ᄒᆞ니可不謂廉乎아◎且夫垂竿而爲事者눈太公之遺術也라坐磻溪之石ᄒᆞ야兆應滋水之璜ᄒᆞ니夫如是者눈將以釣川耶아將以釣國耶아然後에知古善釣者눈其惟太公乎ᆫ저又有妙于此者ᄒᆞ니其惟文王乎ᆫ저夫文王은制六合而爲釣ᄒᆞ고懸西伯而爲餌라筵之于淸廟ᄒᆞ며投

應詔 駱賓王

予以三伏時로行至七里灘ᄒᆞ니此地ᄂᆞᆫ卽新安江口也라有嚴子陵釣磯焉ᄒᆞ니澄潭至淸ᄒᆞ야洞澈見底ᄒᆞ니往往有羣魚戲ᄒᆞ야歷如行空中이러라人有釣者ᄒᆞ니試取餌投之의或有浮而不顧者ᄒᆞ며或有食而不呑者러라引竿而擧ᄒᆞ야因以獲焉ᄒᆞ니其始出也엔乃掉尾揚鬣ᄒᆞ야有若恃力而自勉이러니其少退也엔皷鰓濡沫ᄒᆞ야有似屈體而求哀러라嗟乎라勢牽于人ᄒᆞ고道窮于我라將欲以下座而歌馮子어니又安能中輒而呼莊周哉아予乃祝曰猛獸ᄂᆞᆫ搏也로ᄃᆡ拘于陷穽ᄒᆞ고鷙鳥ᄂᆞᆫ攫也로ᄃᆡ繫于樊籠ᄒᆞ며素龜ᄂᆞᆫ靈也로ᄃᆡ披髮河津ᄒᆞ며白龍은神也로ᄃᆡ挂鱗罝網ᄒᆞ나니何不泥潛而穴處ᄒᆞ고故乃貪餌而呑釣乎아于是에放之江流ᄒᆞ야盡其生生之理ᄒᆞ다時에□同行者ㅣ顧詰余曰夫至人之處世ᄂᆞᆫ擬迹而後投ᄒᆞ고隱心而後動ᄒᆞ야終始不易其道ᄒᆞ며悔吝不生其情ᄒᆞ나니而吾子ㅣ沉緡于川ᄒᆞ야登魚于陸ᄒᆞ니

惟餘淸風이로다噫라先生所謂ᄂᆞᆫ爲聖人之大標라天地之外에揖堯謝舜ᄒᆞ고嚋爲吾輩오我來獨尋ᄒᆞ야請禱意深이로다再拜刻石ᄒᆞ야取文于心이로다

祝

士虞祝 禮記

哀子某、顯相夙興、夜處不寧」敢用潔牲、剛鬣、嘉薦、普淖、明齊、溲酒、哀薦祫事」適爾皇祖某甫」尙饗 祝文不吐

禱

禱雨 殷湯

政不節歟아民失職與아何以不雨至斯極也」오宮室崇與아女謁盛與아何以不雨至斯極也」오讒夫昌與아苞苴行與아何以不雨至斯極也오

誥

帝王ᄒᆞ며牢籠六合은欲先生이躬戴淸規ᄒᆞ야首出萬古僭賊爲臣之道로다拜先生廟者ㅣ得不戒之哉아○使湯之智로讀先生書런들夏祀不夷也오使發之聖으로得先生夢이런들商廟ㅣ不墟也로다然이나湯武ᄂᆞᆫ聖人之用也오先生은聖人之潔也라于亂則吾用ᄒᆞ고于治則吾潔ᄒᆞᄂᆞ니二者ᄂᆞᆫ聖人經時之大柄이라使湯武로逢堯舜이면是必韜用而先潔矣오先生으로逢桀紂ᄒᆞ면是必捨潔而趨用矣리니則聖道變化ㅣ豈有殊耶아故로喜爲雲霞ᄒᆞ며怒爲雷雨ᄂᆞᆫ先生神也오生爲春秋ᄒᆞ며殺爲秋冬은先生功也오結爲山岳ᄒᆞ며融爲川瀆은先生壽也오星羅月張ᄒᆞ며巖靈壑靜은先生宅也오聖人은無爲라金玉在璞은先生富也오功而不宰라人文化成은先生道也오休光列儀ᄒᆞ야仰道垂師ᄂᆞᆫ先生文也오天機自潔ᄒᆞ야雖死不褻은先生武也라噫라先生所謂稟天之德ᄒᆞ며合地之式ᄒᆞ고居天地中ᄒᆞ야立帝王則이여◎噫라先生所謂ㅣ往矣로다誰能宗見廖廓이리오但箕潁之上에

乃尋厥根이로다宮墻重仭에久得其門이로다懿乎其純이오確乎其
操로다洋洋縉紳이言觀其高로다捿遲泌邸에善誘能教로다赫赫三
事여幾行其招로다委辭召貢ᄒᆞ고保此淸妙로다降年不永ᄒᆞ니民斯
悲悼로다◎爰勒玆銘ᄒᆞ야擴其光輝로다嗟爾來世여是則是效어다

碣

許由廟碣　　楊植

堯之聰明이由先生成ᄒᆞ고堯之至理ㅣ由先生始로다堯不以天下로
讓先生ᄒᆞ면先生之道ㅣ猶昏이오先生이不以淸節로避唐堯ㅣ면唐
堯之道ㅣ何尊이리오是知天地間에堯而許之는日而月之로다口生
人己來로避讓之大ㅣ未有如先生者也ᄒᆞ니若非錙銖九有ᄒᆞ며亢極
一夫ᄒᆞ면安能以巖澤枯槁之姿로下聖文神武之德이리오則知丹朱
는得堯之體而遺堯之性ᄒᆞ고先生은得堯之性而遺堯之名ᄒᆞ니是ㅣ
得之者는守之不足이오遺之者는宰之有餘로다天用先生ᄒᆞ사粃糟

未絕ᄒᆞ니于時纓緌之徒와紳佩之士ㅣ望形表而影附ᄒᆞ고聆嘉聲而響和者ㅣ猶百川之歸巨海ᄒᆞ며鱗介之宗龜龍也」러라爾乃潛隱衡門ᄒᆞ야收朋勤誨ᄒᆞ니童蒙이賴焉ᄒᆞ야用祛其蔽러라州郡이聞德ᄒᆞ고處己備禮ᄒᆞ되莫之能致로다羣公이休之ᄒᆞ야遂辟司徒掾ᄒᆞ며又擧有道ᄒᆞ되皆以疾辭ᄒᆞ고將蹈洪涯之遐跡ᄒᆞ야紹巢許之絕軌ᄒᆞ며翔區外以舒翼ᄒᆞ고超天衢以高峙로다稟命不融ᄒᆞ야享年四十有二ᄒᆞ고以建寧二年正月乙亥卒」ᄒᆞ다凡我四方同好之人이永懷哀悼ᄒᆞ야靡所寘念일ᄉᆡ乃相與惟先生之德ᄒᆞ야以謀不朽之事ᄒᆞ니僉以爲先民旣沒ᄒᆞ나而德音이猶存者ᄂᆞᆫ亦賴之於見述也라今其如何而闕斯禮리오於是에樹碑表墓ᄒᆞ고昭銘景行ᄒᆞ야俾芳烈로奮于百世ᄒᆞ며令聞으로顯於無窮其辭에曰

△於休先生이여明道通元이로다純懿淑靈은受之自天이로다崇壯幽浚은如山如淵이로다禮樂是悅ᄒᆞ고詩書是敦이로다匪惟摭華라

之로다始議伐蔡인卿士莫隨러니旣伐四年에小大並疑로다不赦不疑는由天子明이로다凡此蔡功이惟斷乃成이로다旣定淮蔡ᄒᆞ니四夷畢來로다遂開明堂ᄒᆞ고坐以治之로다

序如書文如詩ᄒᆞ야井井整整ᄒᆞ며肅肅穆穆ᄒᆞ야如讀江漢常武之詩ᄒᆞ니西京後第一篇大文字

郭有道碑　　　蔡　邕

先生의諱는泰오字는林宗이니太原界休人也라其先은出自有周ᄒᆞ니王季之穆이라有虢叔者ᄒᆞ니實有懿德이라文王咨焉ᄒᆞ사建國命氏ᄒᆞ니式謂之郭이卽其後也러라先生이誕應天衷ᄒᆞ야聰叡明哲ᄒᆞ며孝友溫恭ᄒᆞ며仁篤慈愛ᄒᆞ니夫其器量이宏湥ᄒᆞ고姿度廣大ᄒᆞ야浩浩焉ᄒᆞ며汪汪焉奧乎不可測已로다若乃砥節礪行ᄒᆞ며直道正辭ᄒᆞ야는貞固足以幹事ᄒᆞ며隱括足以矯時로다遂考覽六經ᄒᆞ며探綜圖緯ᄒᆞ고周流華夏ᄒᆞ야隨集帝學ᄒᆞ야收文武之將墜ᄒᆞ며拯微言之

사命相往鼇로다士飽而歌ᄒᆞ고馬騰於槽로다試之新城ᄒᆞ니遇賊敗逃로다盡抽其有ᄒᆞ야聚以防我ᄂᆞᆯ셔西師躍入ᄒᆞ니道無留者로다雖雖蔡城이其疆千里로다旣入而有ᄒᆞ니莫不順俟로다帝有恩言ᄒᆞ사相度來宣이로다誅止其魁ᄒᆞ고釋其下人ᄒᆞ니蔡之卒夫ᄂᆞᆫ授甲呼舞ᄒᆞ고蔡之婦女ᄂᆞᆫ迎門笑語로다蔡人告飢ᄒᆞ면船粟往哺ᄒᆞ고蔡人告寒ᄒᆞ면賜以繒布로다始時蔡人이禁不往來러니今相從戱ᄒᆞ니里門夜開로다始時蔡人이進戰退戮이러니今旰而起ᄒᆞ니左飧右粥이로다爲之擇人ᄒᆞ야以收餘憊로다選吏賜牛ᄒᆞ야敎而不稅로다蔡人有言호ᄃᆡ始迷不知러니今乃大覺ᄒᆞ니羞前之爲로다蔡人有言호ᄃᆡ天子明聖ᄒᆞ사不順族誅어시ᄂᆞᆯ順保性命ᄒᆞ니汝不吾信이어든視此蔡方ᄒᆞ라孰爲不順이리오往斧其吭ᄒᆞ라凡叛有數ᄂᆞᆫ聲勢相倚어ᄂᆞᆯ吾强不支어니汝弱奚恃아其告而長ᄒᆞ야而父而兄으로奔走偕來ᄒᆞ야同我太平ᄒᆞ라◎淮蔡爲亂ᄒᆞ니天子伐之로다旣伐而饑ᄒᆞ니天子活

ᄒᆞ야崇極而圮라河北이悍驕ᄒᆞ고河南이附起러라四聖이不宥ᄒᆞ사屢興師征ᄒᆞ사ᄃᆡ有不能克ᄒᆞ야益戍以兵ᄒᆞ니夫耕不食ᄒᆞ며婦織不裳ᄒᆞ고輸之以車ᄒᆞ야爲卒賜糧이로다外多失朝ᄒᆞ야曠不嶽狩ᄒᆞ니百隸怠官ᄒᆞ야事亡其舊러라□帝時繼位ᄒᆞ시니顧瞻咨嗟ᄒᆞ사惟汝文武는孰恤予家오既斬吳蜀ᄒᆞ고旋取山東이로다魏將首義ᄒᆞ니大州降從이어ᄂᆞᆯ淮蔡不順ᄒᆞ야自以爲强ᄒᆞ고提兵叫讙ᄒᆞ야欲事故常이로다始命討之ᄒᆞ니遂連奸隣ᄒᆞ야陰遣刺客ᄒᆞ야來賊相臣이로다方戰未利ᄒᆞ야內驚京師ᄒᆞ니羣公이上言호ᄃᆡ莫若惠來로다○帝爲不聞ᄒᆞ시고與神爲謀ᄒᆞ사乃相同德ᄒᆞ야以訖天誅ᄒᆞ시다乃勅顏胤과愬武古通ᄒᆞ사咸統於弘ᄒᆞ고各奏汝切ᄒᆞ라三方分攻ᄒᆞ니五萬其師로다大軍北乘ᄒᆞ니厥數倍之로다常兵時曲ᄒᆞ니軍士蠢蠢이로다既翦陵雲ᄒᆞ니蔡卒이大窘이로다勝之邵陵ᄒᆞ니郾城來降이로다自夏入秋히復屯相望이로다兵頓不勵ᄒᆞ니告功不時로다帝哀征夫ᄒᆞ

胤武ㅣ合戰益用命ᄒᆞ니元濟ㅣ盡幷其衆ᄒᆞ야洄曲以備ᄒᆞ더라十月壬申에愬用所得賊將ᄒᆞ야自文城으로因天大雪ᄒᆞ야疾馳百二十里ᄒᆞ야用夜半到蔡ᄒᆞ야破其門ᄒᆞ고取元濟以獻ᄒᆞ고盡得其屬人卒ᄒᆞ다辛巳에丞相度ㅣ入蔡ᄒᆞ야以皇帝命으로赦其人ᄒᆞ니淮西平이라大饗賚切ᄒᆞ고師還之日에因以其食으로賜蔡人ᄒᆞ다凡蔡卒三萬五千에其不樂爲兵ᄒᆞ고願歸爲農者ㅣ十九어ᄂᆞᆯ悉縱之ᄒᆞ고斬元濟京師ᄒᆞ다◎冊功ᄒᆞᆯ시弘은加侍中ᄒᆞ고愬ᄂᆞᆫ爲左僕射ᄒᆞ야帥山南東道ᄒᆞ고顏胤은皆加司空ᄒᆞ고公武ᄂᆞᆫ以散騎常侍로帥鄜坊丹延ᄒᆞ고道古ᄂᆞᆫ進大夫ᄒᆞ고文通은加散騎常侍ᄒᆞ며丞相度ᄂᆞᆫ朝京師에道對晋國公ᄒᆞ고進階金紫光祿大夫ᄒᆞ야以舊官相ᄒᆞ고而以其副總으로爲工部尙書ᄒᆞ야領蔡任ᄒᆞ다既還奏에羣臣이請紀聖功ᄒᆞ야被之金石ᄒᆞᆫ듸皇帝ㅣ以命臣愈어시ᄂᆞᆯ愈ㅣ再拜稽首而獻文曰

唐承天命ᄒᆞ사遂臣萬邦이로다孰居近土ᄒᆞ야襲盜以狂ᄒᆞ고往在玄宗

行於壽者를汝皆將之ᄒᆞ라曰道古아汝其觀察鄂岳ᄒᆞ라曰愬아汝帥唐鄧隨ᄒᆞ고各以其兵進戰ᄒᆞ라曰度아汝長御史어니其往視師ᄒᆞ라曰度아惟汝予同ᄒᆞ니汝遂相予以賞罰用命不用命ᄒᆞ라曰弘아汝以其節로都統諸軍ᄒᆞ라曰守謙아汝出入左右ᄒᆞ니汝惟近臣이라其往撫師ᄒᆞ라曰度아汝其往ᄒᆞ야衣服飮食予士ᄒᆞ야無寒無飢ᄒᆞ야以旣厥事ᄒᆞ고遂生蔡人ᄒᆞ라賜汝節斧와通天御帶와衛卒三百ᄒᆞ노니凡玆廷臣을汝擇自從ᄒᆞ되惟其賢能이오無憚大吏ᄒᆞ라庚申에予其臨門送汝ᄒᆞ리라曰御史아予閔士大夫戰甚苦ᄒᆞ니自今以往으로非郊廟祠祀어든其無用樂ᄒᆞ라ᄒᆞ다胤武ᄂᆞᆫ合攻其北ᄒᆞ야大戰十六에得柵城縣二十三、降人卒四萬ᄒᆞ며道古ᄂᆞᆫ攻其東南ᄒᆞ야八戰에降萬三千ᄒᆞ고再入申ᄒᆞ야破其外城ᄒᆞ고文通은戰其東ᄒᆞ야十餘遇에降萬二千ᄒᆞ고愬ᄂᆞᆫ入其西ᄒᆞ야得賊將ᄒᆞ면輒釋不殺ᄒᆞ고用其策戰比有功이러라十二年八月에丞相度ㅣ至師에都統弘이責戰益急ᄒᆞ며顔

고又明年에平江東ᄒᆞ고又明年에平澤潞ᄒᆞ고遂定易定ᄒᆞ니致魏博貝衛澶相이無不從志러라皇帝曰不可究武ᄒᆞ니予其少息호리라九年에蔡將이死ᄒᆞ니蔡人이立其子元濟ᄒᆞ고以請이어늘不許ᄒᆞ니遂燒舞陽ᄒᆞ고犯葉襄城ᄒᆞ야以動東都ᄒᆞ야放兵四刦이로다皇帝ㅣ歷問於朝ᄒᆞ니一二臣外엔皆曰蔡帥之不廷授ㅣ於今五十年이라傳三姓四將ᄒᆞ야其樹本堅ᄒᆞ고兵利卒頑이不與他等이라因撫而有라아順且無事라ᄒᆞ야大官이臆決唱聲ᄒᆞ니萬口和附ᄒᆞ야幷爲一談ᄒᆞ야牢不可破로다○皇帝曰惟天惟祖宗이所以付任予者ᄂᆞᆫ庶其在此라予何敢不力이리오況一二臣同ᄒᆞ니不爲無助로다曰光顔아汝爲陳許帥ᄒᆞ니維是河東魏博郃陽三軍之在行者를汝皆將之ᄒᆞ라曰重胤아汝故有河陽懷ᄒᆞ니今益以汝로維是朔方義成陝益鳳翔延慶七軍之在行者를汝皆將之ᄒᆞ라曰弘아汝以卒萬二千으로屬而子公武ᄒᆞ야往討之ᄒᆞ라曰文通아汝守壽ᄒᆞ니維是宣武淮南宣歙浙西四軍之

參差孔樹ㅣ毫末成拱이로다暫啓荒埏ᄒᆞ니長扁幽隴이로다夫貴妻尊ᄒᆞ니匪爵而重이로다

碑

平淮西碑　詩書體　韓　愈

天以唐으로克肖其德ᄒᆞ사聖子神孫이繼繼承承ᄒᆞ시니於千萬年에敬戒不怠로다全付所覆ᄒᆞ시니四海九州、罔有內外히悉主悉臣이로다高祖太宗은既除既治ᄒᆞ시고高宗中睿는休養生息이러니至於玄宗ᄒᆞ야受報收功ᄒᆞ니極熾而豐이로다物衆地大ᄒᆞ니孼芽其間이로다肅宗代宗과德祖順考ㅣ以勤以容ᄒᆞ야大慝은適去ㅣ나根秀를不耨로다相臣將臣이文恬武嬉ᄒᆞ야習熟見聞으로以爲當然이로다□睿聖文武皇帝ㅣ既受羣臣朝ᄒᆞ시고乃考圖數貢曰嗚呼라天이既全付予有家ᄒᆞ사今傳授在予ᅵᆯ셔予不能事事ᄒᆞ니其何以見於郊廟리오羣臣이震攝ᄒᆞ야奔走率職ᄒᆞ니明年에平夏ᄒᆞ고又明年에平蜀ᄒᆞ

ᄒᆞ고有三足이러라太始四年에造ᄒᆞ니其文曰登于泰山ᄒᆞ니萬壽無疆이라四海寧謐ᄒᆞ니神鼎傳芳이라大篆書ᄒᆞ니라

誌

散畫誌　逸其名

漁村落照。晚浦歸帆。秋桐橫月。春柳暮烟이라□是何溪山이佳致ᄒᆞ고景物이亦異어늘而偏屬晚暮也오○古人이有詩曰夕陽無限好나只怕近黃昏이라ᄒᆞ니◎覽此畫의令人悲夫로다

墓誌

劉先生夫人墓誌　任昉

旣稱萊婦어늘亦曰鴻妻로다復有合德ᄒᆞ니一與之齊로다實佐君子ᄒᆞ니簪蒿杖藜로다欣欣負戴ᄒᆞ고在冀之畦로다居室有行ᄒᆞ니亟聞義讓이로다禀訓丹陽이오宏風丞相이로다籍甚二門ᄒᆞ니風流遠尙이로다肇允才淑ᄒᆞ니閫德斯諒이로다蕪沒鄭鄉에寂寥揚塚이로다

야備使人知神姦ᄒᆞ야不逢其害로以爲其祥이러라鼎成의三足而方ᄒᆞ니不炊而自沸ᄒᆞ고不擧而自藏ᄒᆞ고不遷而自行ᄒᆞ더라九鼎이旣成의定之國都ᄒᆞ나니桀有亂德이라鼎遷于殷ᄒᆞ고載祀六百이오殷紂暴虐ᄒᆞ야鼎遷于周ᄒᆞ니成王이定鼎於郟鄏ᄒᆞ야卜世三十이오卜年七百ᄒᆞ니天所命也로다及顯王ᄒᆞ야姬德이大衰의鼎淪入泗水러니秦始皇之初에見於彭城이라大發徒出之ᄒᆞ되不能得焉ᄒᆞ니라金華山皇帝ㅣ作一鼎ᄒᆞ니高一丈三尺이오大如十石甕이러라像龍騰雲ᄒᆞ며百神螭獸ㅣ滿其中이라文曰眞金作鼎ᄒᆞ니百神率服이라ᄒᆞ고復篆書三足이러라

漢孝景帝ㅣ鑄一鼎ᄒᆞ니名曰食鼎이라高二尺이오銅金銀雜爲之ᄒᆞ니形若瓦甑無足이러라中元六年에造ᄒᆞ니其文曰五熟是滋ᄒᆞ니君王膳之라小篆書ᄒᆞ니라

武帝ㅣ登泰山ᄒᆞ야鑄一鼎ᄒᆞ니高四尺이오銅銀爲之ᄒᆞ니其形如甕

瞳子라ᄒᆞ니羽豈其苗裔耶아□何興之暴也오夫秦失其政의陳涉이首難ᄒᆞ야豪傑이蜂起ᄒᆞ야相與並爭이不可勝數라然이나○羽非有尺寸ᄒᆞ고乘勢起隴畝之中ᄒᆞ야三年에遂將五諸侯滅秦ᄒᆞ고分裂天下而封王侯ᄒᆞ야政由羽出ᄒᆞ야號爲霸王ᄒᆞ니位雖不終ᄒᆞ나近古以來로未嘗有也로다◎及羽背關懷楚ᄒᆞ야放逐義帝而自立ᄒᆞ고怨王侯叛己ᄒᆞ니難矣어놀自矜功伐ᄒᆞ야奮其私智而不師古ᄒᆞ고謂霸王之業이라ᄒᆞ야欲以力征으로經營天下라가五年에卒亡其國ᄒᆞ고身死東城호ᄃᆡ尙不覺悟而不自責過矣오乃引天亡我、非用兵之罪ᄒᆞ니豈不謬哉아

錄

鼎錄

虞荔

昔虞夏之盛에遠方皆至ᄒᆞ니使九牧으로貢九金ᄒᆞ야鑄九鼎於荊山之下、于昆吾氏之墟、白若甘攙之地ᄒᆞ야圖其山川奇恠百物而爲之ᄒᆞ

馬童이面之ᄒᆞ고指王翳曰此項王也로다項王이乃曰吾聞漢購我頭千金邑萬戶라ᄒᆞ니吾爲若德이라ᄒᆞ고乃自刎而死」ᄒᆞ다王翳取其頭ᄒᆞ니餘騎ㅣ相蹂踐爭項王ᄒᆞ야相殺者數十人이러라最其後郞中騎楊喜와騎司馬呂馬童과郞中呂勝楊武ㅣ各得其一體라五人이共會其體ᄒᆞ니皆是러라分其地爲五ᄒᆞ야呂馬童은爲水中侯ᄒᆞ고封王翳爲杜衍侯ᄒᆞ고封楊喜爲赤泉侯ᄒᆞ고封楊武爲吳防侯ᄒᆞ고封呂勝爲涅陽侯」ᄒᆞ다項王이已死의楚地ㅣ皆降漢이로ᄃᆡ獨魯不下어ᄂᆞᆯ漢이乃引天下兵ᄒᆞ고欲屠之라가爲其守禮義ᄒᆞ며爲主死節ᄒᆞ야乃持項王頭視魯ᄒᆞ니魯父兄이乃降이러라始의楚懷王이初封項籍爲魯公이러니及其死의魯最後下라故로以魯公禮로葬項王穀城ᄒᆞ고漢王이爲發哀ᄒᆞ야泣之而去ᄒᆞ다諸項氏枝屬을漢王이皆不誅ᄒᆞ고乃封項伯爲射陽侯ᄒᆞ고桃侯平樂侯元武侯ㅣ皆項氏라賜姓劉氏ᄒᆞ다

太史公曰吾聞之周生曰舜目이蓋重瞳子라ᄒᆞ더니又聞項羽ㅣ亦重

目而叱之ᄒᆞᆫᄃᆡ赤泉侯人馬俱驚ᄒᆞ야辟易數里라與其騎로會爲三處ᄒᆞ니漢軍이不知項王所在ᄒᆞ고乃分軍爲三ᄒᆞ야復圍之ᄒᆞᆫᄃᆡ項王이乃馳ᄒᆞ야復斬漢一都尉ᄒᆞ고殺數十百人이라復聚其騎ᄒᆞ니亡其兩騎러라乃謂其騎曰何如오騎皆伏曰如大王言이라ᄒᆞ더라於時에項王이乃欲東渡烏江ᄒᆞ니烏江亭長이檥船待라가謂項王曰江東이雖小나地方이千里이오衆이數十萬人이라亦足王也니願大王은急渡ᄒᆞ소셔今獨臣有船ᄒᆞ니漢軍至면無以渡니다項王이笑曰天之亡我어니我何渡爲오且籍與江東子弟八千人으로渡江而西러니今無一人還ᄒᆞ니縱江東父兄이憐而王我ㄴ들我何面目見之리오縱彼不言이나籍獨不愧於心乎아乃謂亭長曰吾知公長者아吾騎此馬五歲에所當無敵하야嘗一日行千里ᄒᆞ니不忍殺之라以賜公ᄒᆞ노라乃令騎로皆下馬步行ᄒᆞ야持短兵接戰ᄒᆞᆯᄉᆡ獨籍所殺漢軍이數百人이러라項王이身亦被十餘創ᄒᆞ고顧見漢騎司馬呂馬童曰若非吾故人乎아

奈若何오歌數闋에美人이和之ᄒᆞ니項王이泣數行下ᄒᆞ고左右皆泣ᄒᆞ야莫能仰視러라於是에項王이乃上馬騎ᄒᆞ니麾下壯士騎從者八百餘人이라直夜潰圍ᄒᆞ야南出馳走ᄒᆞ니漢軍이乃覺之ᄒᆞ고令騎將灌嬰ᄒᆞ야以五千騎追러라項王이渡淮의騎能屬者百餘人耳라項王이至陰陵迷失道ᄒᆞ야問一田夫ᄒᆞ니田夫ㅣ紿曰左ᄒᆞ라乃陷大澤中ᄒᆞ니以故로漢이追及之러라項王이乃復引兵而東ᄒᆞ야至東城ᄒᆞ니乃有二十八騎오漢騎追者ᄂᆞᆫ數千人이라項王이自度不得脫ᄒᆞ고謂其騎曰吾起兵至今八歲矣라身七十餘戰에所當者破ᄒᆞ고所擊者服ᄒᆞ야未嘗敗北ᄒᆞ고遂覇有天下로다然今卒困於此ᄒᆞ니此ᄂᆞᆫ天之亡我오非戰之罪也라ᄒᆞ고乃分其騎ᄒᆞ야以爲四隊四嚮ᄒᆞ니漢軍이圍之數重이러라項王이謂其騎曰吾爲公取彼一將ᄒᆞ고令四面騎馳下ᄒᆞ야期出東爲三處라ᄒᆞ고於是에項王이大呼馳下ᄒᆞ니漢軍이皆披靡라遂斬漢一將ᄒᆞ다是時에赤泉侯ㅣ爲騎將追項王ᄒᆞ니項王이瞋

ᄒᆞ니其不至固宜라君王이能與共分天下ㄴ듸今可立致也어니와卽
不能이면事未可知也니다君王이能自陳以東傳海ᄂᆞᆫ盡與韓信ᄒᆞ고
睢陽以北至穀城은以與彭越ᄒᆞ야使各自爲戰ᄒᆞ면則楚易敗也ㅣ리다
漢王曰善라乃發使者ᄒᆞ야告韓信彭越曰幷力擊楚ᄒᆞ야楚破ᄒᆞ면自
陳以東傳海ᄂᆞᆫ與齊王ᄒᆞ고睢陽以北至穀城은與彭相國ᄒᆞ리라使者
至ᄒᆞᆫ듸韓信彭越이皆報曰請今進兵ᄒᆞ리다韓信은乃從齊往ᄒᆞ고劉
賈軍은從壽春並行ᄒᆞ야屠城父至垓下ᄒᆞ니大司馬周殷이叛楚ᄒᆞ고
以舒屠六ᄋᆞ로擧九江兵ᄒᆞ고隨劉賈彭越ᄒᆞ야皆會垓下ᄒᆞ야詣項王
ᄒᆞ니項王이軍壁垓下에兵少食盡이러니漢軍及諸侯兵이圍之數重
ᄒᆞ니夜聞漢軍四面에皆楚歌라項王이乃大驚曰漢皆已得楚乎아是
何楚人之多也오項王이則夜起飮帳中ᄒᆞᆯᄉᆡ有美人名虞라常幸從ᄒᆞ
고駿馬名騅라常騎之러니於是에項王이乃悲歌慷慨自爲詩曰力拔
山兮氣蓋世로다時不利兮騅不逝로다騅不逝兮可奈何오虞兮虞兮

니門下大驚擾亂이라籍所擊殺이數十百人이러라一府中이皆慴伏莫敢起어늘梁이乃召故所知豪吏ᄒᆞ야諭以所爲起大事ᄒᆞ고遂擧吳中兵ᄒᆞᆯ시使人收下縣ᄒᆞ야得精兵八千人ᄒᆞ다梁이署吳中豪傑ᄒᆞ야爲校尉侯司馬ᄒᆞᆯ시有一人不得用ᄒᆞ야自言於梁ᄒᆞ니梁曰前時某喪에使公主某事러니不能辦ᄒᆞ니以此로不任用公이로라衆乃皆服이러라於是에梁은爲會稽守ᄒᆞ고籍爲裨將ᄒᆞ야徇下縣ᄒᆞᆯ시廣陵人召平이於是爲陳王徇廣陵이라가未能下ᄒᆞ야聞陳王敗走ᄒᆞ며秦兵又且至ᄒᆞ고乃渡江ᄒᆞ야矯陳王命ᄒᆞ야拜梁爲楚王上柱國ᄒᆞ고曰江東은已定ᄒᆞ니急引兵西擊秦ᄒᆞ라項梁이乃以八千人으로渡江而西ᄒᆞ다漢五年에漢王이乃追項王至陽夏南止軍ᄒᆞ고與淮陰侯韓信建成侯彭越로期會而擊楚ᄒᆞᆯ시軍至固陵호ᄃᆡ而信越之兵이不會라楚擊漢軍大破之ᄒᆞ니漢王이復入壁ᄒᆞ야深塹而自守ᄒᆞ고謂張子房曰諸侯ㅣ不從約ᄒᆞ니爲之奈何오對曰楚兵이且破로ᄃᆡ信越이未有分地

夫ㅣ皆出項梁下러라每吳中에有大繇役及喪ᄒᆞ면項梁이常爲主辦
ᄒᆞ야陰以兵法으로部勒賓客及子弟ᄒᆞ니以是로知其能이러라秦始
皇帝遊會稽ᄒᆞ고度浙江ᄒᆞᆯᄉᆡ梁이與籍俱觀이러니籍曰彼를可取而
代也라ᄒᆞᆫᄃᆡ梁이掩其口ᄒᆞ고曰毋妄言ᄒᆞ라族矣리라梁이以此奇籍
이러라籍은長이八尺餘오力能扛鼎ᄒᆞ며才氣過人ᄒᆞ야雖吳中子弟
라도皆已憚籍矣러라

秦二世元年七月에陳涉等이起大澤中ᄒᆞ다其九月에會稽守通이謂
梁曰江西皆反ᄒᆞ니此亦天亡秦之時也라吾聞先卽制人이니後則爲
人所制라吾欲發兵ᄒᆞ야使公及桓楚將ᄒᆞ리라是時에桓楚ㅣ亡在澤
中이라梁曰桓楚亡ᄒᆞ야人莫知其處오獨籍이知之耳라ᄒᆞ고梁이乃
出ᄒᆞ야戒籍持劒居外待ᄒᆞ고梁이復入與守坐ᄒᆞ야曰請召籍使
受命召桓楚ᄒᆞᆫᄃᆡ守曰諾다梁이召籍入이라須臾에梁이眴籍曰可行
矣니라於是에籍이遂拔劒斬守頭ᄒᆞ니梁이持守頭ᄒᆞ고佩其印綬ᄒᆞ

사無自苦耳어다使者ㅣ還奏太上皇ᄒᆞᆫᄃᆡ皇心이嗟悼久之러라餘具唐史ᄒᆞ다至憲宗元和元年ᄒᆞ야白居易ㅣ爲歌ᄒᆞ야以言其事ᄒᆞ며幷前秀才陳鴻作傳ᄒᆞ야冠於歌之前ᄒᆞ야自爲長恨歌傳ᄒᆞ다

紀

項羽本紀

司馬遷

項籍者ᄂᆞᆫ下相人也니字ᄂᆞᆫ羽라初起時에年이二十四러라其季父ᄂᆞᆫ項梁이오梁父ᄂᆞᆫ卽楚將項燕이니爲秦將王翦所戮者也러라項氏ㅣ世世爲楚將ᄒᆞ야封於項故로姓項氏러라項籍이少時에學書不成ᄒᆞ고去學劒又不成이라項梁이怒之ᄒᆞᆫᄃᆡ籍曰書足以記名姓而已오劒은一人敵이라不足學이어니學萬人敵ᄒᆞ노이다於是에項梁이乃敎籍兵法ᄒᆞ니籍이大喜ᄒᆞ야略知其意나又不肯竟學이러라項梁이嘗有櫟陽逮라乃請蘄獄掾曹咎書ᄒᆞ야抵櫟陽ᄒᆞ니獄掾司馬欣이以故事得已러라項梁이殺人ᄒᆞ고與籍으로避仇於吳中ᄒᆞ니吳中賢士大

帝安否ᄒᆞ고次問天寶十四載已還事ᄒᆞ고言訖憫然ᄒᆞ야指碧衣女ᄒᆞ야取金釵鈿合ᄒᆞ고各折其半ᄒᆞ야授使者曰爲謝太上皇ᄒᆞᄃᆡ謹獻是物은尋舊好也로라方士ㅣ授辭與信ᄒᆞ고將行色이有不足ᄒᆞ니玉妃ㅣ因徵其意ᄒᆞᆫᄃᆡ復前跪致辭ᄒᆞᄃᆡ乞當時一事不聞于他人者로驗于太上皇ᄒᆞ노니不然이면恐鈿合金釵에罹新垣平之詐也로다ᄒᆞᆫᄃᆡ玉妃ㅣ茫然退立ᄒᆞ야若有所思러니徐而言曰昔天寶十年에侍輦避暑驪山宮ᄒᆞ니秋七月牽牛織女相見之夕이라秦人風俗에夜張錦繡ᄒᆞ며陳飮食ᄒᆞ고樹花燔香於庭ᄒᆞ니號爲乞巧라宮掖間尤尙之ᄒᆞ나니時夜將半에休侍衛ᄒᆞ고於東西廂에獨侍上ᄒᆞ니上이憑肩而立ᄒᆞ야因仰天感牛女事ᄒᆞ고密相誓心ᄒᆞᄃᆡ願世世爲夫婦라ᄒᆞ고言畢에執手各嗚咽ᄒᆞ니此獨君王知之耳로다因自悲曰由此一念으로又不復居此ᄒᆞ고復於下界에且結後緣ᄒᆞ야或爲天或爲人ᄒᆞ야決再相見ᄒᆞ야好合如舊ᄒᆞ리라因言太上皇도亦不久人間ᄒᆞ시리니幸惟自安ᄒᆞ

이不怡ᄒᆞ야左右欷歔ᄒᆞ야三載一意로其念이不衰ᄒᆞ야求之夢魂이라도杳杳而不能得이러라適有道士ㅣ自蜀來ᄒᆞ야知皇心이念妃如是ᄒᆞ고自言有李少君之術ᄒᆞᆫᄃᆡ元宗이大喜ᄒᆞ야命致其神ᄒᆞ니方士ㅣ乃竭其術而索之로ᄃᆡ不至ᄒᆞ며又能游神御氣ᄒᆞ야出天界沒地府而求之로ᄃᆡ又不見ᄒᆞ고又旁求四虛ᄒᆞ야上下東極ᄒᆞ며絕天涯跨蓬壺ᄒᆞ니見最高仙山에上多樓閣이오西廂下에有洞戶東向이라窺其門ᄒᆞ니署曰玉妃太眞院이러라方士ㅣ抽簪叩扉ᄒᆞ니有雙鬟童ᄒᆞ야出應門이러라方士ㅣ造次未及言ᄒᆞ야而雙鬟이復入이러니俄有碧衣侍女至ᄒᆞ야詰其所從來러라方士ㅣ因稱唐天子使者라ᄒᆞ고且致其命ᄒᆞ니碧衣云玉妃方寢이라請少待之ᄒᆞ라于時에海雲이沉沉ᄒᆞ고洞天日晚이라瓊戶重闔ᄒᆞ야悄然無聲일ᄉᆡ方士ㅣ屛息歛足ᄒᆞ고拱手門下러니久之오碧衣延入ᄒᆞ며且曰玉妃出見이라一人이冠金蓮披紫綃ᄒᆞ며珮紅玉曳鳳舃ᄒᆞ고左右侍者七八人이러라揖方士問皇

當時謠咏有云。生女勿悲酸ᄒᆞ고生男勿喜歡이라ᄒᆞ며又曰男不封侯
ᄒᆞ고女作妃君이라ᄒᆞ야看女를却爲門楣ᄒᆞ니其爲人心善慕ㅣ如此」
러라天寶末에兄國忠이盜丞相位ᄒᆞ야愚弄國柄이러니及安祿山이
引兵向闕ᄒᆞ야以討楊氏爲辭ᄒᆞ야潼關이不守ᄒᆞ고翠華西幸ᄒᆞ야出
咸陽ᄒᆞᆯ시路次馬嵬에六軍이徘徊ᄒᆞ야持戟不進이라從官郞吏ㅣ伏
上馬前ᄒᆞ야請誅錯以謝天下ᄒᆞᆫᄃᆡ國忠이奉氂纓盤水ᄒᆞ고死於道周
로ᄃᆡ左右之意ㅣ猶未愜이러라上이問之ᄒᆞᆫᄃᆡ當時敢言者ㅣ請以貴
妃로塞天下之怒어ᄂᆞᆯ上이知不免ᄒᆞ고而不忍見其死ᄒᆞ야反袂掩面
ᄒᆞ고使牽而去之ᄒᆞ야倉皇展轉에竟就絕於尺組之下」러라旣而오元
宗은狩成都ᄒᆞ고肅宗은禪靈武ᄒᆞ다明年에大凶이歸元ᄒᆞ고大駕還
都라尊元宗爲太上皇ᄒᆞ야就養南宮이라가自南宮으로遷于西內ᄒᆞ
니時移事去ᄒᆞ고樂極悲來」로다每至春之日冬之夜와池蓮夏開ᄒᆞ며
宮槐秋落ᄒᆞ야梨園弟子ㅣ玉管發音이聞霓裳羽衣一聲이면卽天顏

如漢武帝李夫人이러라別䟽湯泉ᄒᆞ고詔賜藻瑩ᄒᆞ니既出水의體弱力微ᄒᆞ야若不任羅綺ᄒᆞ며光彩煥發ᄒᆞ야轉動照人이로다上이甚悅ᄒᆞ야進見之日에奏霓裳羽衣以導之ᄒᆞ며定情之夕에授金釵鈿合以固之ᄒᆞ며又命戴步搖ᄒᆞ야垂金璫明珥ᄒᆞ고冊爲貴妃ᄒᆞ야半后服用ᄒᆞ니由是로冶其容敏其詞ᄒᆞ야婉孌萬態로以中上意ᄒᆞ니上益嬖焉이러라時에省風九州ᄒᆞ며泥金五嶽ᄒᆞ야驪山雪夜와上陽春朝에與上으로行同輦ᄒᆞ며止同室ᄒᆞ며宴專房ᄒᆞ며寢專席ᄒᆞ야雖有三夫人九嬪과二十七世婦八十一御妻와暨後宮才人樂府妓女ㅣ使天子로無顧眄意ᄒᆞ니自是로六宮에無復進幸者러라非徒殊艶尤態로獨能致是라蓋才智明慧ᄒᆞ야善巧便佞ᄒᆞ야先意希旨ㅣ有不可形容者焉이러라叔父昆季ㅣ皆列在淸貴ᄒᆞ야爵爲通侯ᄒᆞ고姊妹는封國夫人ᄒᆞ야富埒王室ᄒᆞ야車服邸第ㅣ與大長公主侔ᄒᆞ며而恩澤勢力은則又過之ᄒᆞ야出入禁門에不問ᄒᆞ니京師長吏ㅣ爲之側目이러라故로

可知라千尋之操를或以一念隳ᄒᆞ며生平之疵를或以晩節覆ᄒᆞ나니遂志赴義ᄒᆞ야爭乎一決은柳夫人에存不必稱이나而沒以馨ᄒᆞ야委脫如遺ᄂᆞᆫ豈不壯哉아

歌傳

長恨歌傳 半小說體 陳鴻

唐開元中泰階平ᄒᆞ야四海無事라元宗이在位歲久의倦于旰食宵衣ᄒᆞ야政無小大히悉委于丞相ᄒᆞ고稍深居游宴ᄒᆞ야以聲色自娛러라先是元獻皇后武淑妃ㅣ皆有寵이라相次卽世ᄒᆞ니宮中에雖良家子ㅣ千萬數나無悅目者러라上心이忽忽不樂일ᄉᆡ時每歲十月에駕幸華淸宮ᄒᆞ니內外命婦ㅣ焜燿景從ᄒᆞ야浴日餘波러라賜以湯沐의春風靈液이澹蕩其間ᄒᆞ니上心이油然ᄒᆞ야怳若有遇로다顧左右前後ᄒᆞ니粉色이如土러라詔高力士ᄒᆞ야潛搜外宮ᄒᆞ야得弘農楊元琰女于壽邸ᄒᆞ니既笄矣러라鬢髮膩理ᄒᆞ고纖穠中度ᄒᆞ며擧止閑冶ᄒᆞ야

야至累帙云이러라
東海生曰柳夫人은可謂不負虞山矣哉로다或이謂情之所鍾에生憐死捐ᄒᆞ야纏綿畢命ᄒᆞ나니若連理梓、雉朝飛、雙鴛鴦之屬이時有之矣라ᄒᆞ나然柳於虞山에豈其倫耶아□夫七尺腐軀를歸於等盡은而擲之當이라侯嬴은以存弱趙ᄒᆞ고杵臼는以立藐孤ᄒᆞ고秀實은以緩奉天之危ᄒᆞ고紀信은以脫滎陽之難이라或輕于鴻羽ᄒᆞ며或重於泰山ᄒᆞ야各視其所用이니柳夫人은以尺組로下報尙書ᄒᆞ야而紆其身後之禍ᄒᆞ니可不謂重歟아所云重用其死者也로다夫西陵松栢이材矣로ᄃᆡ未聞擇所從이오耆卿月仙과齋邱散花女는得所從矣나而節無聞이오韓香、幼玉、張紅紅、羅愛愛之流는節可錄矣로ᄃᆡ又非其人也오○千秋香躅이惟張尙書燕子一樓로다然이나紅粉成灰ᄒᆞ야尙在白楊可杜之後로다夫玉容을黃土之不惜ᄒᆞ고而願以從死之名으로爲地下處는荒矣라微白舍人泉臺下隨면未敢必其然也로다◎人固不

平善遒ᄒᆞ야晩歲多難ᄒᆞ야爲就窶寠ᄒᆞ며嗣君孝廉이且文弱故로鄉里豪黠이頗心易之ᄒᆞ며又嗛宗伯公墻宇高峻ᄒᆞ야結侶伺釁이러니丙午某月에宗伯公이卽世ᄒᆞ니有衆驟起ᄒᆞ야以責逋로爲口實ᄒᆞ고譟而環宗伯門ᄒᆞ야攟擾詬誶ᄒᆞ야極於縲辱이라孝廉이魂魄喪失ᄒᆞ야莫知所出이러라柳夫人이於宗伯易簀日에已蓄殉意러니至是에泣然起曰我當之호리라ᄒᆞ고好語諸惡少아尙書ㅣ寧盡負若曹金가卽負라도固尙書事오無與諸兒女로다身在호니第小需之ᄒᆞ라諸惡少ㅣ聞柳夫人語ᄒᆞ고謂得所欲이라ᄒᆞ야鋒稍戢이나然環如故ㅣ러라柳ㅣ中夜에刺血書訟牘ᄒᆞ야急遣足詣邑告難ᄒᆞ고而自取縷帛結項ᄒᆞ야死尙書側ᄒᆞ니라旦日에郡邑이得牘ᄒᆞ며又聞柳夫人死ᄒᆞ고遣隷四出ᄒᆞ야捕諸惡少ᄒᆞ야問殺人罪ᄒᆞ니皆雉竄兎脫ᄒᆞ야不敢復履界地ᄒᆞ고搆盡得釋이러라孝廉君이德而哀之ᄒᆞ야爲用四禮ᄒᆞ야與尙書公으로並殯某所ᄒᆞ니吳人士ㅣ嘉其志烈ᄒᆞ야爭作詩咏美之ᄒᆞ

以一厠掃眉로才子ㅣ列爲重ᄒᆞ야或投竿銜餌ᄒᆞ야效圭皇書仙之句ᄒᆞ야紙啣이尾屬ᄒᆞ되柳視之蔑如也」ᄒᆞ야卽空吳越無當者오獨心許虞山曰隆準公이卽未夐絶古今이나亦一代顚倒英雄手라ᄒᆞ고而宗伯公이亦雅重之曰昔人이以遊蓬島ᄒᆞ며宴桃溪ㅣ不如一見温仲圭라ᄒᆞ더니可當吾世失此人乎」아ᄒᆞ야遂因緣委幣ᄒᆞ다柳ㅣ旣歸宗伯의相得歡甚ᄒᆞ야題花咏柳에殆無虛日이러라每宗伯句就의遺鬟矜示柳ᄒᆞ면擊鉢之頃에蠻牋이已至ᄒᆞ야風追電躡에未嘗肯地步讓ᄒᆞ며或柳句先就ᄒᆞ면亦走鬟報賜ᄒᆞ나니宗伯이畢力盡氣ᄒᆞ야經營이慘淡ᄒᆞ야思壓其上이나比出相視ᄒᆞ면亦正得匹敵也러라宗伯은氣骨이蒼峻ᄒᆞ야虬松百尺이라柳未能到오柳는幽艶秀發이如芙蓉秋水ᄒᆞ야自然娟媚ᄒᆞ니宗伯이時亦孫之러라於時旗鼓를各建閨閫之間ᄒᆞ야隱若敵國云이러라宗伯이於柳不字ᄒᆞ고凡有題識면多署柳君ᄒᆞ니吳中人이寵柳之遇ᄒᆞ야稱之에直曰柳夫人」이러라宗伯이生

先生은不知何許人이라亦不詳其性字오宅邊에有五柳樹ᄒᆞ야因以爲號焉이러라□閒靖少言ᄒᆞ야不謀榮利ᄒᆞ며好讀書호ᄃᆡ不求甚解ᄒᆞ고每有會意면便欣然忘食ᄒᆞ며性嗜酒호ᄃᆡ家貧不能常得이라親舊ㅣ知其如此ᄒᆞ고(此乃天眞文字)或置酒而招之ᄒᆞ면造飮輒盡ᄒᆞ야期必有醉ᄒᆞ고旣醉而退에曾不吝情去留ᄒᆞ더라○環堵蕭然ᄒᆞ야不蔽風日ᄒᆞ고短褐穿結로簞瓢屢空이나安如也ᄒᆞ며常著文章自娛ᄒᆞ야頗示己意ᄒᆞ며忘懷得失ᄒᆞ야以此自終이로다◎贊曰黔婁有言호ᄃᆡ不戚戚於貧賤ᄒᆞ며不汲汲於富貴라ᄒᆞ니極其言玆라若人之儔乎아酬觴賦詩ᄒᆞ야以樂其志ᄒᆞ니無懷氏之民歟아葛天氏之民歟아

小傳

柳夫人小傳　半稗史半史論體　徐芳

柳夫人字ᄂᆞᆫ某니虞山錢牧齋宗伯愛姬也라慧倩工詞翰ᄒᆞ야在章臺日에色藝冠絕一時러라才雋이奔走枇杷花下ᄒᆞ야車馬如烟이로다

一如來時之狀이러라入其宅登牀ᄒᆞ니見身이冥坐於牀上이로다道士ㅣ乃呼曰相公相公이어늘李公이遂覺ᄒᆞ니涕泗交流러라稽首陳謝ᄒᆞ고明日別去홀ᄉᆡ李公이厚以金帛贈之ᄒᆞᆫᄃᆡ俱無所受오但揮手而已曰勉旃ᄒᆞ라六百年後方復見相公호리라遂出門而逝ᄒᆞ니不知所在러라先是安祿山이常養道士術에每語之曰我對天子라도亦不恐懼로ᄃᆡ唯見李相公이면若無地自容은何也오術士曰公有陰兵五百ᄒᆞ니皆有銅頭鐵額이라常在左右어니何以如此리오某ㅣ安得見之아祿山이乃奏請宰相ᄒᆞ야宴於己宅ᄒᆞ고密遣術士於簾間窺伺러니退曰異哉라某初見報相公至ᄋᆡ有一青衣童子ᄒᆞ야捧香爐而入ᄒᆞ고僕射侍衛ᄒᆞ니銅頭鐵額之類ㅣ皆穿屋踰墻ᄒᆞ야奔走而去ᄒᆞ니某亦不知其故也라當是仙官이暫謫人間耳로다

自傳

五柳先生傳 贊體 陶淵明

安神靜慮ᄒᆞ고萬想을俱遣ᄒᆞ야幾如枯株라아卽可俱也니라良久에李公曰某ㅣ都無念慮矣와라乃下招曰可同往이라ᄒᆞᆫᄃᆡ李公이不覺便隨道士去ᄒᆞ야出大門及春明門ᄒᆞ니到輒自開러라李公이援道士衣而過ᄒᆞ야漸行十數里ᄒᆞ니李公은素貴라尤不善行ᄒᆞ야困苦頗甚이라道士ㅣ亦自知之曰莫思歇否아乃相與坐於路隅ᄒᆞ야逡巡以數節竹으로與李公曰可乘此ᄒᆞ라至地方止(此眞奇文)니愼不開眼ᄒᆞ라李公이跨之러니騰空而上이라가覺身泛大海ᄒᆞ야但聞風水之聲이라食頃止ᄒᆞ니見大都邑에介士數百이羅列城門이러니道士至ᄋᆡ皆迎拜ᄒᆞ고兼拜李公이러라約一里到一府署ᄒᆞ야又入門ᄒᆞ니復有甲士러라升階至大殿ᄒᆞ니帳榻이華侈라李公이困ᄒᆞ야欲就帳이러니道士ㅣ驚牽起曰未可라恐不可回耳로다此是相公身後之所處也니라曰審如是면某亦不恨이로다道士ㅣ笑曰玆는介鱗之屬이라其間苦事ㅣ亦不少니라ᄒᆞ고遂却與李公으로出大門ᄒᆞ야復以竹杖授之ᄒᆞ니

相公ᄒᆞ라閽者ㅣ呵而逐之ᄒᆞ고外吏ㅣ又欲鞭縛送于府ᄒᆞᆫᄃᆡ道士ㅣ微笑而去ᄒᆞ더니明日日中에復至어ᄂᆞᆯ門者ㅣ乘間而白ᄒᆞᆫᄃᆡ李公曰吾不記識ᄒᆞ니汝試爲通ᄒᆞ라及道士入의李公이見之ᄒᆞ고醒然而悟ᄒᆞ니乃槐壇所覩也러라慙悸之極에若無所措ᄒᆞ야曰郤思二十年之事ᄒᆞ나今已至矣라所承敎戒ᄂᆞᆫ曾不蹔行ᄒᆞ야中心如疾호라乃拜ᄒᆞᆫᄃᆡ道士ㅣ迎笑曰相公은安否아當時之請을幷不見從이기遺相公行陰德이러니專枉殺人ᄒᆞ니上天이甚明이라譴謫이可畏어니如何오李公이但搯額而已러라道士ㅣ留宿ᄒᆞᆯ셰李公이盡除僕使ᄒᆞ고處于中堂ᄒᆞ야各居一榻이러라道士ㅣ唯少食茶果ᄒᆞ고餘無所進이러니至夜深ᄒᆞ야李公曰昔奉敎言호니尙有昇天之契라今夜遂否아道士曰緣相公所行이不合其道ᄒᆞ야有所竄責이三百年也라更六百年乃如約矣리라李公曰某ᄂᆞᆫ人間之數將滿ᄒᆞ니既有罪譴이면後當如何오道士曰莫要知否아亦可一行이어다李公이降榻拜謝ᄒᆞᆫᄃᆡ曰相公은

殺人ᄒᆞ라如此則三百年後에白日上升矣리라官祿이已至ᄒᆞ니可便入京ᄒᆞ라李公이匍匐泣拜ᄒᆞᆫᄃᆡ道士ㅣ握手與別ᄒᆞ더라時에李公堂叔이爲庫部郞中在京이라遂詣ᄒᆞᆫᄃᆡ叔父ㅣ以其縱蕩으로不甚記錄之라가頗驚曰汝何得至此오曰某知向前之過、今故候覲ᄒᆞ노니請改節讀書ᄒᆞ야願受鞭箠ᄒᆞ노이다庫部ㅣ甚異之ᄒᆞ나亦未令就學ᄒᆞ고每有賓客이면遣監盃盤之飾ᄋᆡ撫不修潔이러라或謂曰汝ㅣ爲吾著某事라ᄒᆞ면雖雪湲沒踝라도亦不去也ᄒᆞ더라庫部ㅣ益親憐之ᄒᆞ야言於班行ᄒᆞ니知者甚衆이러라自後로以蔭叙ᄒᆞ야累官至賛善大夫러니不十年에遂爲相矣라權巧湲密ᄒᆞ야能伺上旨ᄒᆞ며恩顧隆洽ᄒᆞ야獨當衡軸ᄒᆞ니人情所畏ㅣ非臣下矣러라數年後에自固益切ᄒᆞ야乃起大獄이라誅殺異己ᄒᆞ야寃死相繼ᄒᆞ야忘道士槐壇之言戒也러라時에李公之門에將有趨謁者면必望之而步ᄒᆞ야不敢乘馬ㅣᆯᄉᆡ忽一日方午에有人扣門이라吏驚候之ᄒᆞ니見一道士ㅣ甚枯瘦、曰願報

悟ᄒᆞ야意其異人ᄒᆞ고乃攝衣起謝ᄒᆞᆫᄃᆡ道士曰郞君이雖善此나然忽有顚墜之苦면則悔不可及이리라李公이請自此修謹ᄒᆞ야不復爲也라ᄒᆞᆫᄃᆡ道士笑曰與郞君으로三日後五更에會於此라ᄒᆞ야ᄂᆞᆯ曰諾다及往의道士ㅣ已先至曰爲約何後오李乃謝之ᄒᆞᆫᄃᆡ曰更三日復來ᄒᆞ리라李公이夜半往ᄒᆞ니良久에道士ㅣ至甚喜ᄒᆞ야談笑極洽ᄒᆞ며且曰某行世間五百年에見郞君一人이已列仙籍ᄒᆞ니合白日升天이라如不欲이면二十年宰相으로重權이在己리니郞君은且歸熟思之ᄒᆞ고後三日五更에復會於此라ᄒᆞ더라李公이回計之曰我是宗室少豪俠이라二十年宰相으로重權在己를安可以白日升天으로易之乎아ᄒᆞ야已決矣러라及期往白ᄒᆞᆫᄃᆡ道士ㅣ嗟歎咄叱ᄒᆞ야如不自持曰五百年始見一人이可惜可惜이로다李公이悔欲復之ᄒᆞᆫᄃᆡ道士曰不可也라神明이知矣라ᄒᆞ고與之叙別曰二十年宰相에生殺權이在己ᄒᆞ야威振天下나然愼勿行陰賊ᄒᆞ고當爲陰德ᄒᆞ야廣救援人ᄒᆞ며無枉

之ᄒᆞ니非已死矣로다申子韓子ㅣ皆著書傳于後世ᄒᆞ야學者多有ᄒᆞ니余獨悲韓子ᄂᆞᆫ爲說難而不能自脫이로다

太史公曰○老子所貴道ᄂᆞᆫ虛無因應ᄒᆞ야變化於無爲故로著書辭稱이微妙難識ᄒᆞ고莊子ᄂᆞᆫ散道德放論이나要亦歸之於自然ᄒᆞ고申子ᄂᆞᆫ卑卑ᄒᆞ야施之於名實ᄒᆞ고韓子ᄂᆞᆫ引繩墨ᄒᆞ야切事情明是非로ᄃᆡ其極慘礉少恩이라皆原於道德之意나◎而老子深遠矣로다

外傳

李林甫外傳 小說體 逸 其 名

唐右丞相李公林甫ㅣ年二十에尙未讀書ᄒᆞ고在東都好遊獵ᄒᆞ며打毬ᄒᆞ며馳逐鷹狗라가每於城下槐壇에下驢擊蹴ᄒᆞ야略無休日일ᄉᆡ既憊ᄋᆡ捨驢ᄒᆞ고以兩手로返據地歇일ᄉᆡ一日에有道士某ᄒᆞ니醜陋러라見李公踞地ᄒᆞ고徐言曰此有何樂이완ᄃᆡ郞君이如此愛也오李怒顧曰關足下何事오道士去러니明日에又復言之ᄒᆞᆫᄃᆡ李公이幼聰

蠹ᄒᆞ야而加之於功實之上이라ᄒᆞ며以爲儒者ᄂᆞᆫ用文亂法ᄒᆞ고而俠者ᄂᆞᆫ以武犯禁ᄒᆞ며寬則寵名譽之人ᄒᆞ고急則用介冑之士ᄒᆞ니今者所養이非所用이오所用이非所養이라悲廉直不容於邪枉之臣ᄒᆞ며觀往者得失之變ᄒᆞ야故作孤憤、五蠹、內外儲、說林、說難十餘萬言」이로다然韓非ㅣ知說之難ᄒᆞ야爲說難書甚具ᄒᆞ나終死於秦ᄒᆞ야不能自脫」이로다人或傳其書至秦이러니秦王이見孤憤五蠹之書ᄒᆞ고曰嗚乎라寡人이得見此人與之遊ᄒᆞ면死不恨矣라ᄒᆞ니李斯曰此ᄂᆞᆫ韓非之所著也라ᄒᆞᆫᄃᆡ秦이因急攻韓ᄒᆞ니韓王이始不用非라가及急ᄒᆞ야廼遣非使秦ᄒᆞ니秦王이悅之未信用이라李斯姚賈ㅣ害之毁之曰韓非ᄂᆞᆫ韓之諸公子也라今王이欲幷諸侯어ᄂᆞᆯ非終爲韓不爲秦은此ᄂᆞᆫ人之情也니今王이不用ᄒᆞ고久留而歸之면此ᄂᆞᆫ遺患也라不如以過法誅之니다秦王이以爲然ᄒᆞ야下吏治非러니李斯ㅣ使人遺非藥ᄒᆞ야使自殺ᄒᆞ니韓非ㅣ欲自陳不得見」ᄒᆞ다秦王이後悔之ᄒᆞ야使人赦

之犧牛乎아養食之數歲에는衣以文繡ᄒᆞ야以入太廟ᄒᆞ나니當是之時ᄒᆞ야雖欲爲孤豚이나豈可得乎아子亟去ᄒᆞ야無汚我ᄒᆞ라我寧游戲汚瀆之中自快언뎡無爲有國者所羈라ᄒᆞ고終身不仕ᄒᆞ야以快其志焉이러라

申不害者는京人也라故鄭之賤臣으로學術以干韓昭侯ᄒᆞ니昭侯ㅣ用爲相ᄒᆞ야內修政敎ᄒᆞ며外應諸侯ᄒᆞ야十五年終申子之身토록國治兵强ᄒᆞ야無侵韓者ᄒᆞ니라申子之學은本於黃老ᄒᆞ야而主刑名이라著書二篇ᄒᆞ니號曰申子러라

韓非者는韓之諸公子也라喜刑名法術之學ᄒᆞ야而歸本於黃老ᄒᆞ니라非는爲人이口吃ᄒᆞ야不能道說이로ᄃᆡ而善著書ᄒᆞ야與李斯로俱事荀卿ᄒᆞ니斯ㅣ自以爲不如非러라非見韓之削弱ᄒᆞ고數以書諫韓王호ᄃᆡ韓王이不能用이라於是에韓非ㅣ疾治國에不務修明其法制ᄒᆞ야執勢以御其臣下ᄒᆞ며富國强兵而以求人任賢ᄒᆞ고反擧滛滛之

知其然否ㅣ러라老子ᄂᆞᆫ隱君子也라老子之子名은宗이니宗이爲魏將ᄒᆞ야封於段干ᄒᆞ다宗子注、注子宮、宮玄孫假니假仕於漢孝文帝ᄒᆞ고而假之子解ㅣ爲膠西王卬太傅ᄒᆞ야因家于齊ᄒᆞ니라世之學老子者ᄂᆞᆫ則絀儒學ᄒᆞ고儒學은亦絀老子ᄒᆞ니道不同인不相爲謀ㅣ豈謂是耶아李耳ᄂᆞᆫ無爲自化ᄒᆞ며淸靜自正ᄒᆞ니라

莊子者ᄂᆞᆫ蒙人也라名은周니周嘗爲蒙柒園吏ᄒᆞ야與梁惠王齊宣王同時ᄒᆞ니其學이無所不闚나其要本은歸於老子之言故로其著書十餘萬言이大抵率寓言也니라作漁父、盜跖、胠篋ᄒᆞ야以詆訾孔子之徒ᄒᆞ야以明老子之術ᄒᆞ니畏累、虛亢、桑子之屬은皆空語無事實이나然善屬書離辭ᄒᆞ며指事類情ᄒᆞ야用剽剝儒墨은雖當世宿學이라도不能自解免也러라其言이洸洋ᄒᆞ야自恣以適己故로自王公大人으로不能器之로다楚威王이聞莊周賢ᄒᆞ고使使厚幣迎之ᄒᆞ야許以爲相ᄒᆞᆫᄃᆡ莊周ㅣ笑謂楚使者曰千金重利ᄂᆞᆫ卿相尊位也라子獨不見郊祭

欲ᄒᆞ며態色與淫志ᄒᆞ라是皆無益於子之身ᄒᆞ니라吾所以告子ㅣ若是而已로라孔子ㅣ去謂弟子曰鳥를吾知其能飛오魚를吾知其能游오獸를吾知其能走라走者ᄂᆞᆫ可以爲網이오游者ᄂᆞᆫ可以爲綸이오飛者ᄂᆞᆫ可以爲矰이어니와至於龍ᄒᆞ야ᄂᆞᆫ吾不能知로니其乘風雲而上天이오녀吾ㅣ今日見老子ᄒᆞ니其猶龍耶ㅣㄴ뎌老子ㅣ修道德ᄒᆞ야其學이以自隱無名爲務러라居周라가久之에見周之衰ᄒᆞ고迺遂去至關ᄒᆞ니關令尹喜曰子將隱矣어든强爲我著書ᄒᆞ라於是에老子ㅣ迺著書上下篇ᄒᆞ야言道德之意五千餘言而去ᄒᆞ니莫知其所終이러라或曰老萊子ㅣ亦楚人也라著書十五篇ᄒᆞ야言道家之用ᄒᆞ니與孔子同時云이라ᄒᆞ며蓋老子ᄂᆞᆫ百有六十餘歲어ᄂᆞᆯ或曰二百餘歲라ᄒᆞ니以其修道而養壽也러라自孔子死之後百二十九年에而史記周太史儋이見秦獻公曰始秦與周合而離라가離五百歲而復合ᄒᆞ고合七十歲而霸王者出焉이라ᄒᆞ니或曰儋이卽老子라或曰非也라ᄒᆞ야世莫

如商鞅反者ᄒᆞ라ᄒᆞ고遂滅商君之家ᄒᆞ다

(論端)太史公曰商君은其天資刻薄人也로다□跡其欲干孝公以帝王術에挾持浮說ᄒᆞ니非其質矣오且所因이由嬖臣이어늘及得利에刑公子虔ᄒᆞ고欺魏將卬ᄒᆞ야不師趙良之言ᄒᆞ니亦足發明商君之少恩矣로다○余嘗讀商君開塞耕戰書에與其人行事로相類ᄒᆞ니◎卒受惡名於秦이有以也夫ㄴ뎌

合傳

老莊申韓合傳　仝人

老子者ᄂᆞᆫ楚苦縣厲鄉曲仁里人也라姓은李氏오名은耳오字伯陽이오謚曰聃이니周守藏室之史也니라孔子ㅣ適周ᄒᆞ야將問禮於老子ᄒᆞᆫᄃᆡ老子曰子所言者ᄂᆞᆫ其人與骨이皆已朽矣오獨其言이在耳라且君子ᄂᆞᆫ得其時則駕ᄒᆞ고不得其時則蓬累而生ᄒᆞᄂᆞ니라吾聞之ᄒᆞ니良賈ᄂᆞᆫ深藏若虛ᄒᆞ고君子盛德은容皃若愚라ᄒᆞ니去子之驕氣與多

也ᄒᆞ야語數日不厭이러라景監曰子何以中吾君이완ᄃᆡ吾君之歡이甚也오鞅曰吾說君以帝王之道ᄒᆞ야比三代ᄒᆞᆫᄃᆡ而君曰久遠이라吾不能待라ᄒᆞ며且賢君者ᄂᆞᆫ各及其身ᄒᆞ야顯名天下ᄒᆞᄂᆞ니安能邑邑待數十百年ᄒᆞ야以成帝王乎아故로吾以强國之術說君ᄒᆞᆫᄃᆡ君이大說之耳라然亦難以比德於殷周矣로다

後五月에而孝公이卒ᄒᆞ고太子立ᄒᆞ니公子虔之徒ㅣ告商君欲反이라發吏捕商君ᄒᆞᆫᄃᆡ商君이亡至關下ᄒᆞ야欲舍客舍ᄒᆞ니客人이不知其是商君也ᄒᆞ고曰商君之法에舍人無驗者면坐之라ᄒᆞᆫᄃᆡ商君이喟然歎曰嗟乎爲法之弊ㅣ一至此哉아去之魏ᄒᆞᆫᄃᆡ魏人이怨其欺公子卬而破魏師弗受러라商君이欲之他國ᄒᆞᆫᄃᆡ魏人曰商君은秦之賊이라秦强而賊入魏ᄒᆞ니弗歸不可라ᄒᆞ고遂內之ᄒᆞᆫᄃᆡ商君이既復入秦이라가走商邑ᄒᆞ야與其徒屬으로發邑兵ᄒᆞ야北出擊鄭ᄒᆞ니秦이發兵攻商君ᄒᆞ야殺之於鄭黽池ᄒᆞ다秦惠王이車裂商君ᄒᆞ야以狗曰莫

니又安能用君之言ᄒᆞ야殺臣乎아卒不去ᄒᆞ니라惠王이既去ᄒᆞ야而謂左右曰公叔病이甚悲乎ㄴ뎌欲令寡人으로以國聽公孫鞅也ᄒᆞ니豈不悖哉」아公叔이既死에公孫鞅이聞秦孝公이下令國中求賢者ᄒᆞ야將修穆公之業ᄒᆞ야東復侵地ᄒᆞ고迺遂西入秦ᄒᆞ야因孝公寵臣景監ᄒᆞ야以求見孝公ᄒᆞᆫᄃᆡ孝公이既見衛鞅ᄒᆞ고語事良久에孝公이時時睡ᄒᆞ야弗聽罷ᄒᆞ다而孝公이怒景監ᄒᆞ야曰子之客이妄人耳라安足用耶아景監이以讓衛鞅ᄒᆞᆫᄃᆡ衛鞅曰吾說公以帝道ᄒᆞᆫᄃᆡ其志不開悟矣로다後五日에復求見鞅ᄒᆞᆫ대鞅이復見孝公ᄒᆞ고益愈려니然而未中旨罷ᄒᆞ다而孝公이復讓景監ᄒᆞᆫ대景監이亦讓鞅ᄒᆞ니鞅曰吾說公以王道려니而未入也로다請復見鞅ᄒᆞᆫ대鞅이復見孝公ᄒᆞ니孝公이善之로대而未用也ᄒᆞ고罷而去ᄒᆞ다孝公이謂景監曰汝客이善ᄒᆞ야可與語矣로다鞅曰吾說公以覇道ᄒᆞᆫᄃᆡ其意欲用之矣라誠復見我를我知之矣로다衛鞅이復見孝公ᄒᆞᆫᄃᆡ公이與語에不知膝之前於席

傳

商君列傳 史體 司馬遷

傳之本色

商君者ᄂᆞᆫ衛之諸庶孽公子也라名은鞅이오姓은公孫氏니其祖ᄂᆞᆫ本姬姓也니라鞅이少好刑名之學ᄒᆞ야事魏相公叔痤ᄒᆞ야爲中庶子ᄒᆞ니公叔痤ㅣ知其賢이오未及進이러니會에痤病이라魏惠王이親往問病曰公叔이病有如不可諱면將奈社稷何오公叔曰痤之中庶子公孫鞅이年雖少나有奇才ᄒᆞ니願王은擧國而聽之ᄒᆞ소셔王이默然이러니王且去의痤ㅣ屛人言曰王이卽不聽用鞅이면必殺之ᄒᆞ야無令出境ᄒᆞ소셔王이許諾而去ᄒᆞ다公叔痤ㅣ召鞅謝曰今者에王이問可以爲相者어시ᄂᆞᆯ我言若이러니王이色不許我로다我方先君後臣이라因謂ᄒᆞᄃᆡ王이卽弗用鞅이어든當殺之라ᄒᆞᆫᄃᆡ王이許我ᄒᆞ니汝可疾去矣어다且見擒ᄒᆞ리라鞅曰彼王이不能用君之言ᄒᆞ야任臣이어

以得魁首者로爲勝ᄒᆞ며薄暮須臾에燈船이畢集ᄒᆞ면火龍이蜿蜒ᄒᆞ야光耀天地ᄒᆞ며揚槌擊鼓ᄒᆞ야蹋頓波心이로다自聚寶門水關으로至通濟門水關ᄒᆞ야喧鬧達旦ᄒᆞ며桃葉渡口에爭渡者喧聲이不絕이러라余作秦淮燈船曲ᄒᆞ니中有云、遙指鍾山樹色開。六朝芳草向瓊臺。一園燈火從天降。萬片珊瑚駕海來。又云、夢裏春紅十丈長。隔簾偸襲海南香。西霞飛出銅龍館。幾隊蛾眉一樣粧。又云、神絃仙管玻璃杯。火龍蜿蜒波崔嵬。雲連金闕天門迥。鶴舞銀城雪窖開。皆實錄也로다嗟乎라可復見乎아

敎坊梨園에單傳法部ᄂᆞᆫ乃威武南巡所遺也라然이나名妓仙嬉ㅣ深以登場演劇으로爲耻ᄒᆞ고若知音密席에推奬再三ᄒᆞ면强而後可ᄒᆞ니歌喉扇影은一座盡傾이로다主之者ㅣ大增氣色ᄒᆞ야纏頭助采ᄒᆞ야遽加十倍ᄒᆞ며至頓老琵琶와妥娘詞曲ᄒᆞ야ᄂᆞᆫ則祇應天上이오難得人間矣러라

髡送客ᄒᆞ며酒闌綦罷ᄒᆞ면墮珥遺簪ᄒᆞ나니眞慾界之仙都오昇平之樂國也로다妓家ㅣ各分門戶ᄒᆞ야爭姸獻媚ᄒᆞ며鬪勝誇奇ᄒᆞ야凌晨則卯飮이淫淫ᄒᆞ며蘭湯이灩灩ᄒᆞ야衣香一室ᄒᆞ며停午에ᄂᆞᆫ乃蘭花茉莉와沉水甲煎이馨聞數里ᄒᆞ며入夜而擫笛搊箏ᄒᆞ야梨園搬演이聲徹九霄ᄒᆞ니李卞이爲首오沙顧ㅣ次之오鄭頓崔馬ㅣ又其次也러라長板橋ㅣ在院墻外數十步ᄒᆞ니曠遠芊綿ᄒᆞ야水烟이凝碧ᄒᆞ며回光鷲峯兩寺ㅣ夾之ᄒᆞ고中山東北에ᄂᆞᆫ園亘其前ᄒᆞ며秦淮朱雀이桁繞其後ᄒᆞ니洵可娛目賞心ᄒᆞ며漱滌塵衿이러라每當夜凉入定ᄒᆞ며風淸月朗ᄒᆞ야名士傾城이簪花約鬢ᄒᆞ고携手閒行ᄒᆞ며憑欄徙倚라가忽遇彼姝ᄒᆞ면笑語宴宴ᄒᆞ며此吹洞簫ᄒᆞ고彼度妙曲이라萬籟皆寂의遊魚出聽ᄒᆞ니洵太平盛事也로다秦淮燈船之盛은天下所無라兩岸河房에雕欄畵檻이오綺窓絲障이十里珠簾이로다客稱旣醉로ᄃᆡ主曰未歸로다遊楫이往來의指目曰某名姬ㅣ在某河房이라ᄒᆞ야

世之所謂已有而不惑者ㅣ其與是奚辨이리오若是而可以爲有耶則雖汝之有是風이라도可也오雖爲居室而以名之ᄒᆞ며吾又爲汝記之라도可也오非惑也로다◎風起乎蒼茫之間ᄒᆞ야彷徨乎山澤ᄒᆞ며激越乎城郭道路ᄒᆞ며虛徐演漾ᄒᆞ야以汎汝之軒窓欄楯幔帷而不去也ᄒᆞ니汝ㅣ隱几而觀之ᄒᆞ면其亦有得乎ᆫ뎌力生於所激而不自爲力故로不勞ᄒᆞ고形生於所遇而不自爲形故로不窮ᄒᆞᄂᆞ니嘗試以是觀之ᄒᆞ라

雜記

板橋雜記 雜記未有體裁而只是綜詳爲要 余懷

如畵

金陵이爲帝王建都之地라公侯戚畹은甲第連雲ᄒᆞ고宗室王孫은翩翩裘馬로다以及烏衣子弟와湖海賓遊ㅣ靡不挾彈吹簫ᄒᆞ야經過趙李이每開宴筵ᄒᆞ고則傳呼樂籍ᄒᆞ니羅綺芬芳ᄒᆞ고行酒糾觴ᄒᆞ야留

藏이與水皆逝兮로다歌闋而去ᄒᆞ다◎從遊者ㅣ八人이니畢仲、孫舒煥、寇昌朝、王適、王遹、王肄、軾之子邁、煥之子彥擧러라

淸風閣記　　仝　八

奇曠

文慧大師應符ㅣ居成都玉谿上ᄒᆞ야爲閣曰淸風이라ᄒᆞ고以書來ᄒᆞ야求文爲記ᄒᆞ니五返而益勤이로다□余不能已ᄒᆞ야戲爲浮屠語而問之曰符아而所謂身者ᄂᆞᆫ汝之所寄也오而所謂閣者ᄂᆞᆫ汝之所以寄所寄也라身與閣ᄋᆞᆯ汝不得有온而名ᄋᆞᆯ烏施오名將無所施어니而安用記乎아○雖然이나吾爲汝放心遺形而强言之ᄒᆞ노니汝亦放心遺形而强聽之어다木生於山ᄒᆞ고水流於淵이로ᄃᆡ山與淵이且不得有온而人이以爲已有ᄒᆞ니不亦惑歟아天地之相磨와虛空與有物之相推에而風이於是焉生ᄒᆞ니執之而不可得也오逐之而不可及也어ᄂᆞᆯ汝爲居室而以名之ᄒᆞ고吾又爲汝記之ᄒᆞ니不亦大惑歟아雖然이나

遊桓山記　仝人

曠達

元豐二年正月已亥晦에春服이旣成이라從二三子ᄒᆞ야遊於泗之上ᄒᆞᆯ식登桓山入石室ᄒᆞ야使道士戴日祥으로皷雷氏之琴操履霜之遺音ᄒᆞ야曰噫嘻悲夫라此ᄂᆞᆫ宋司馬桓魋之墓也로다□或曰皷琴於墓ㅣ禮歟아曰禮也니라季武子之喪에曾點이倚其門而歌ᄒᆞ니라仲尼ᄂᆞᆫ日月也어ᄂᆞᆯ而魋ㅣ以爲可得而毀也라ᄒᆞ고且死爲石椁ᄒᆞ야三年不成ᄒᆞ니古之愚人也라余將吊其藏而其骨毛爪齒ㅣ旣已化爲飛塵ᄒᆞ며蕩爲冷風矣온而況於椁乎아況於從死之臣妾과飯含之貝玉乎아使魋而無知也ㄴ딘余雖皷琴而歌라도可也오使魋而有知也ㄴ딘聞余皷琴而歌ᄒᆞ고知哀樂之不可常과物化之無日也ᄒᆞ야其愚ㅣ豈不少瘳乎아○二三子ㅣ喟然而歎ᄒᆞ야乃歌曰桓山之上에維石嵯峨兮여司馬之惡이與石不磨兮로다桓山之下에維水瀰瀰兮여司馬之

也러니處之朞年에而貌加豐ᄒᆞ야髮之白者ㅣ日以反黑이로다余旣
樂其風俗之淳而其吏民이亦安余之拙也라○於是에治其園圃ᄒᆞ며
潔其庭宇ᄒᆞ고伐安丘高密之木ᄒᆞ야以修補破敗ᄒᆞ야爲苟完之計ᄒᆞ
고而園之北에因城以爲臺者ㅣ舊矣라稍葺而新之ᄒᆞ고時相與登覽
ᄒᆞ야放意肆志焉이로다南望馬耳常山이出沒隱見ᄒᆞ야若近若遠ᄒᆞ
니庶幾有隱君子乎아而其東則廬山이라秦人盧敖之所從遁也오西
望穆陵이隱然如城郭ᄒᆞ야師尚父齊桓公之遺烈이猶有存者ᄒᆞ며北
俯濰水의慨然太息淮陰之功而弔其不終이로다臺高而安ᄒᆞ고深而
明ᄒᆞ며夏凉而冬溫ᄒᆞ야雨雪之朝와風月之夕에余未嘗不在ᄒᆞ며客
未嘗不從이러라擷園蔬取池魚ᄒᆞ며釀秫酒瀹脫粟ᄒᆞ야而食之曰樂
哉라遊乎여◎方是時에余弟子由ㅣ適在濟南이라가聞而賦之ᄒᆞ고
且名其臺曰超然이라ᄒᆞ니以見余之無所往而不樂者ᄂᆞᆫ蓋遊於物之
外也로다

凡物이皆有可觀ᄒᆞ니苟有可觀이면皆有可樂이오非必恠奇偉麗者也라餔糟啜漓라도皆可以醉오果蔬草木이라도皆可以飽니推此類也면吾ㅣ安往而不樂이리오夫所謂求福而辭禍者ᄂᆞᆫ以福可喜而禍可悲也라人之所欲은無窮而物之可以足吾欲者ᄂᆞᆫ有盡이라美惡之辨이戰乎中而去取之擇이交乎前則可樂者ㅣ常少而可悲者ㅣ常多ᄒᆞ니是謂求禍而辭福이로다夫求禍而辭福이豈人之情也哉아物有以蓋之矣라彼遊於物之內而不遊於物之外ᄒᆞ니物非有大小也라自其內而觀之ᄒᆞ면未有不高且大者也니彼挾其高大以臨我則我常眩亂反覆ᄒᆞ야如隙中之觀鬪어니又烏知勝負之所在리오是以로美惡이橫生而憂樂이出焉ᄒᆞ니可不大哀乎아□余自錢塘으로移守膠西ᄋᆡ釋舟楫之安而服車馬之勞ᄒᆞ며去雕墻之美而蔽茅椽之居ᄒᆞ며背湖山之觀而行桑麻之野로다始至之日에歲比不登ᄒᆞ야盜賊이滿野ᄒᆞ며獄訟이充斥而齋厨ㅣ索然ᄒᆞ야日食杞菊ᄒᆞ니人固疑余之不樂

玆山이待己而名著也로다元凱는銘功於二石ᄒᆞ야一置玆山之上ᄒᆞ고一投漢水之淵ᄒᆞ니是는知陵谷이有變而不知石有時而磨滅也로다豈皆自喜其名之甚而過爲無窮之慮歟아將自待者ㅣ厚而所思者ㅣ遠歟아山故有亭ᄒᆞ니世傳以爲叔子之所遊止也라故로屢廢而復興者는由後世慕其名而思其人者ㅣ多也로다○熙寧元年에余友人史君中煇ㅣ以光祿卿으로來守襄陽ᄒᆞ고明年에因亭之舊ᄒᆞ야廣而新之ᄒᆞ고既周以回廊之壯ᄒᆞ며又大其後軒ᄒᆞ야使與亭相稱ᄒᆞ니君은知名當世ᄒᆞ야所至有聲이라襄人이安其政而樂從其遊也ᄒᆞ야因以君之官으로名其後軒爲光祿堂ᄒᆞ고又欲記其事于石ᄒᆞ야以與元凱叔子之名으로並傳于久遠ᄒᆞ니君皆不能止也러라◎乃來ᄒᆞ야以記로屬於余ᄒᆞ니余謂君知慕叔子之風而襲其遺迹ᄒᆞ니則其爲人與其志之所存者를可知矣로다襄人이愛君而安樂之如此ᄒᆞ니則君之爲政於襄者를又可知矣로다此는襄人之所欲書也오若其左右山川

也로다梅公은淸愼好學君子也라視其所好ᄒᆞ면可以知其人焉이로다(如築九層之臺一層高一層眞是奇絶也)

峴山亭記 仝人

風流感慨正是峴山亭文字로다與孟浩然峴山詩로並絶今古

峴山이臨漢上ᄒᆞ야望之隱然ᄒᆞ니盖諸山之小者라而其名이特著於荊州者ᄂᆞᆫ豈非以其人哉아其人은謂誰오羊祜叔子杜預元凱ㅣ是已로다□方晉與吳로以兵爭이常倚荊州以爲重ᄒᆞ야而二子ㅣ相繼於是ᄒᆞ야遂以平吳而成晉業ᄒᆞ니其功烈이已盖於當世矣라至於風流餘韻이藹然被於江漢之間者ㅣ至今人猶思之而於思叔子也에尤深ᄒᆞ니盖元凱ᄂᆞᆫ以其功而叔子ᄂᆞᆫ以其仁이로다二子所爲ㅣ雖不同이나然皆足以垂於不朽而頗疑其反自汲汲於後世之名者ᄂᆞᆫ何哉아傳言에叔子ㅣ嘗登玆山ᄒᆞ야慨然語其屬以謂호ᄃᆡ此山은常在而前世之士ᄂᆞᆫ皆已湮滅於無聞이라ᄒᆞ고因自顧而悲傷이라ᄒᆞ니然獨不知

盛人衆ᄒᆞ야爲一都會而又能兼有山水之美ᄒᆞ야以資富貴之娛者ᄂᆞᆫ惟金陵錢塘이로다然이나二邦이皆僭竊於亂世러니及聖宋이受命ᄒᆞ야海內爲一ᄋᆡ金陵은以後服으로見誅ᄒᆞ니今其江山이雖在而頹垣廢址와荒烟野草를過而覽者ㅣ莫不爲之躊躇而悽愴이오獨錢塘은自五代時로知尊中國ᄒᆞ야效臣順이라가及其亡也에頓首請命ᄒᆞ야不煩干戈ᄒᆞ며今其民이幸富完安樂ᄒᆞ고又其俗習이工巧ᄒᆞ야邑屋이華麗ᄒᆞ니蓋十餘萬家라環以湖山ᄒᆞ야左右映帶而閩商海賈와風帆浪舶이出入乎江濤浩渺烟雲渺靄之間ᄒᆞ니可謂盛矣로다而臨是邦者ᄂᆞᆫ必皆朝廷公卿大臣이어나若天子之侍從이오又有四方遊士ㅣ爲之賓客故로喜占形勝ᄒᆞ며治亭榭ᄒᆞ야相與極遊覽之娛로다其於所取에有得於此者ᄂᆞᆫ必有遺於彼로ᄃᆡ獨所謂有美堂者ᄂᆞᆫ山水登臨之美와人物邑居之繁을一寓目而盡得之로다◎蓋錢塘은兼有天下之美而斯堂者ᄂᆞᆫ又盡得錢塘之美焉ᄒᆞ니宜乎公之甚愛而難忘

胥次淸曠ᄒᆞ야洗絕今古

嘉祐二年에龍圖閣直學士尙書吏部郞中梅公이出守于杭ᄒᆞᆯ시於其行也에天子ㅣ寵之以詩ᄒᆞ시다□於是에始作有美之堂ᄒᆞ니蓋取賜詩之首章而名之ᄒᆞ야以爲杭人之榮이러라然、公之甚愛斯堂也ㅣ雖去而不忘ᄒᆞ야今年에自金陵으로遣人走京師ᄒᆞ야命予誌之ᄒᆞ니其請이至六七而不倦이로다予乃爲之言曰夫擧天下之至美與其樂이有不得而兼焉者多矣라故로窮山水登臨之美者ᄂᆞᆫ必之乎寬閒之野寂寞之鄕而後에得焉ᄒᆞ며覽人物之盛麗ᄒᆞ며夸都邑之雄富者ᄂᆞᆫ必據乎四達之衝、舟車之會而後에足焉ᄒᆞᄂᆞ니蓋彼ᄂᆞᆫ放心於物外而此ᄂᆞᆫ娛意於繁華ᄒᆞ야二者ㅣ各有適焉이라然이나其爲樂을不得而兼也로다○今夫所謂羅浮天台衡嶽廬阜洞庭之廣과三峽之險을號爲東南奇偉秀絕者로ᄃᆡ乃皆在乎下州小邑僻陋之邦ᄒᆞ니此ᄂᆞᆫ幽潛之士와窮愁放逐之臣之所樂也오若乃四方之所聚와百貨之所交에物

足爲公榮이오桓圭袞冕이不足爲公貴오惟德被生民而功施社稷ᄒᆞ야勒之金石ᄒᆞ며播之聲詩ᄒᆞ야以耀後世ᄒᆞ야而垂無窮이此公之志而士亦以此로望於公也라豈止夸一時而榮一鄕哉아◎公在至和中ᄒᆞ야嘗以武康之節로來治于相ᄒᆞᆯ시乃作晝錦之堂于後圃ᄒᆞ고既又刻詩于石ᄒᆞ야以遺相人ᄒᆞ니其言이以快恩讎矜名譽로爲可薄이라ᄒᆞ니蓋不以昔人所夸者로爲榮而以爲戒라於此에見公之視富貴ㅣ爲如何而其志를豈易量哉아故로能出入將相ᄒᆞ야勤勞王家而夷險一節이로다至於臨大事決大議ᄒᆞ야ᄂᆞᆫ垂紳正笏ᄒᆞ고不動聲色而措天下於泰山之安ᄒᆞ니可謂社稷之臣矣라其豐功盛烈은所以銘彝鼎而被絃歌者ㅣ니乃邦家之光이오非閭里之榮也로다余雖不獲登公之堂이나幸嘗竊誦公之詩ᄒᆞ야樂公之志ㅣ有成而喜爲天下道也라於是乎書ᄒᆞ노라 此乃文章家地步也

有美堂記 仝人

治女之文이라令人悅眼而最得體處ㅣ在安頓魏國公上이오且以史遷之烟波로行宋人之格調

仕宦而至將相ᄒᆞ고富貴而歸故鄕은此人情之所榮而今昔之所同也로다〇蓋士方窮時困阨閭里에庸人孺子ㅣ皆得易而侮之ᄒᆞᄂᆞ니若季子ㅣ不禮於其嫂ᄒᆞ고買臣이見棄於其妻라가一旦에高車駟馬로旗旄導前而騎卒이擁後ᄒᆞ면夾道之人이相與騈肩累跡ᄒᆞ야瞻望咨嗟而所謂庸夫愚婦者ㅣ奔走駭汗ᄒᆞ며羞愧俯伏ᄒᆞ야以自悔罪於車塵馬足之間ᄒᆞᄂᆞ니此ᄂᆞᆫ一介之士ㅣ得志於當時而意氣之盛이라昔人이比之衣錦之榮者也로다〇惟大丞相魏國公則不然ᄒᆞ니公은相人也라世有令德ᄒᆞ야爲時名卿ᄒᆞ고自公少時로已擢高科ᄒᆞ야登顯仕ᄒᆞ니海內之士ㅣ聞下風而望餘光者ㅣ蓋亦有年矣로다所謂將相而富貴ᄂᆞᆫ皆公所宜素有오非如窮阨之人이僥倖得志於一時하야出於庸夫愚婦之不意ᄒᆞ야以驚駭而夸耀之也로다然則高牙大纛이不

石澗記 仝人

點綴如明珠翠羽

石渠之事를旣窮ᄒᆞ고□上由橋西北ᄒᆞ야下土山之陰ᄒᆞ야民又橋焉ᄒᆞ니其水之大ㅣ倍石渠三之러라巨石爲底ᄒᆞ야達于兩涯ᄒᆞ니若堂若床ᄒᆞ며若陳筵席ᄒᆞ며若限閫奧ᄒᆞ야水ㅣ平布其上、流若織文ᄒᆞ며響若操琴이러라揭跣而往ᄒᆞ야折竹掃陳葉ᄒᆞ며排腐木ᄒᆞ니可羅胡床十八九러라居之의交絡之流와觸激之音이皆在床下ᄒᆞ며翠羽之木과龍鱗之石이均蔭其上이로다◯古之人이其有樂乎此耶아後之來者ㅣ有能追余之踐履耶아得意之日에與石渠同ᄒᆞ야由渴而來者면(渴水名也)先石渠後石澗ᄒᆞ고由百家瀨上而來者면先石澗後石渠ᄒᆞ리라◎澗之可窮者는皆出石城村東南ᄒᆞ니其間可樂者數焉이로ᄃᆡ其上深山幽林은逾峭嶮道狹ᄒᆞ야不可窮也니라(掉尾)

相州晝錦堂記 歐陽脩

借石之瑰瑋ᄒᆞ야以吐胷中之磊落

自西山道口로徑北踰黃茅嶺而下ᄒᆞ야有二道ᄒᆞ니□其一은西出ᄒᆞ야尋之無所得이오其一은少北而東ᄒᆞ야不過四十丈이라上斷而川分ᄒᆞ고有積石ᄒᆞ야橫當其垠ᄒᆞ니其上은爲睥睨梁欐之形ᄒᆞ고其傍은出堡塢ᄒᆞ야有若門焉ᄒᆞ니窺之正黑이라投以小石의洞然有水聲ᄒᆞ야其響之激越이良久乃已러라環之可上이오望甚遠ᄒᆞ며無土 若畵 壤而生嘉樹美箭ᄒᆞ니益奇而堅ᄒᆞ며其踈數偃仰이類若智者所施設也러라○吾疑造物者之有無ㅣ久矣러니及是에愈以爲誠有ㅣ 奇筆詭設 나又怪其不爲之於中州ᄒᆞ고而列是夷狄ᄒᆞ야更千百年토록不得一售其技로다 自家暗影 是故로勞而無用ᄒᆞ니神者ㅣ儻不宜如是則其果無乎아 造物有無一一相照 ◎或曰以慰夫賢而辱於此者라ᄒᆞ며或曰其氣之靈이不爲偉人而獨爲是物이라故로楚之南에少人而多石이라ᄒᆞ니是二者를余未信之ᄒᆞ노라

로貨而不售라ᄒᆞ야늘問其價ᄒᆞ니曰止四百이러라余ㅣ憐而售之ᄒᆞ야李深源元克己로時同遊ᄒᆞᆯ식皆大喜出自意外러라◯卽更取器用ᄒᆞ야剷刈穢草ᄒᆞ며伐去惡木ᄒᆞ고烈火而焚之ᄒᆞ니嘉木立ᄒᆞ며美竹露ᄒᆞ며奇石顯이러라由其中以望ᄒᆞ니則山之高와雲之浮와溪之流와鳥獸魚之遨遊ㅣ擧熙熙然迴巧獻伎ᄒᆞ야以效玆丘之下로다枕石而臥ᄒᆞ니則淸冷之色은與目謀ᄒᆞ며瀯々之聲은與耳謀ᄒᆞ며悠然而虛者ᄂᆞᆫ與神謀ᄒᆞ며淵然而靜者ᄂᆞᆫ與心謀ᄒᆞ야不匝旬而得異地者ㅣ二라雖古好事之士라도或未能至焉이니◎噫라(一轉可奇)以玆丘之勝으로致之灃鎬鄠杜則貴遊之士爭買者ㅣ日增千金而愈不可得이어늘今棄是州也에農夫漁父ㅣ過而陋之ᄒᆞ야價四百에連歲不能售ᄒᆞ고而我與深源克己로獨喜得之ᄒᆞ니是其果有遭乎아書于石은所以賀玆丘之遭也로라

小石城山記 仝人

莫得遯隱ᄒᆞ며縈靑繚白이外與天際로四望如一이러라○然後에知是山之特出이不與培塿爲類라悠悠乎與灝氣俱而莫能其涯ᄒᆞ며洋洋乎與造物者游而不知其所窮이라引觴滿酌ᄒᆞ야頹然就醉이不知日之入ᄒᆞ야蒼然暮色이自遠而至ᄒᆞ야至無所見而猶不欲歸로다心凝形釋ᄒᆞ야與萬化冥合ᄒᆞ니◎然後에知吾嚮之未始遊를遊於是乎始故로爲之文以志ᄒᆞ노라

鈷鉧潭西小丘記　　仝人

變化百出

得西山後八日에尋山口西北道二百步ᄒᆞ야又得鈷鉧潭西二十五步當湍而峻者ᄒᆞ야爲魚梁ᄒᆞ니梁之上에生竹樹ᄒᆞ고其石之突怒偃蹇이負土而出ᄒᆞ야爭爲奇狀者ㅣ殆不可數로다□其嶔然相累而下者는若牛馬之飮于溪ᄒᆞ며其衝然角列而上者는若熊羆之登于山이러라丘之小ㅣ不能一畝나可以籠而有之라問其主ᄒᆞ니曰唐氏之棄地

호니弘中之德이與其所好로可謂協矣로다智以謀之호고仁以居之호니吾知其去是而羽儀於天朝也ㅣ不遠矣로다遂刻石而記호노라

始得西山宴遊記　柳宗元

公之得奇若神

自余爲僇人으로居是州에恒惴惴로되其隙也則施施而行호고漫漫而遊호야日與其徒로上高山호며入深林호며窮迴溪호야幽泉怪石을無遠不到호며到則披草而坐호고傾壺而醉호며醉則更相枕而臥호니意有所極에夢亦同趣라覺而起호며起而歸호야以爲凡是州之山이有異態者는皆我有也로되而未始知西山之怪特이러니□今年九月二十八日에因坐法華西亭호야望西山호고始指異之로다遂命僕호야過湘江호며緣染溪호야斫榛莽焚茅茷호고窮山之高而止호야攀援而登호며箕踞而遨호니凡數州之土壤이皆在衽席之下로다其高下之勢는岈然洼然호야若垤若穴호니尺寸千里에攢蹙累積이

石谷曰謙受之谷이오瀑曰振鷺之瀑이라ᄒᆞ니谷言德이오瀑言容也며其土谷曰黃金之谷이오瀑曰秩秩之瀑이라ᄒᆞ니谷言容아오瀑言德也며洞曰寒居之洞이라ᄒᆞ니志其入時也오池曰君子之池라ᄒᆞ니虛以鍾其美ᄒᆞ고盈以出其惡也오泉之源曰天澤之泉이라ᄒᆞ니出高而施下也로다合而名之以屋曰燕喜之亭이라取詩所謂魯侯燕喜者頌也로다○於是에州民之老ㅣ聞而相與觀焉ᄒᆞ야曰吾州之山水ㅣ名天下나然而無與燕喜者比라ᄒᆞ고經營於其側者ㅣ相接也로ᄃᆡ而莫直其地러라凡天作而地藏之ᄒᆞ야以遺其人乎아◎弘中이自吏部郞으로貶秩而來ᄒᆞ니次其道途所經ᄒᆞ면(如何等筆法風雨驟至也)自藍田으로入商洛ᄒᆞ며涉浙湍臨漢水ᄒᆞ며升峴首ᄒᆞ야以望方城ᄒᆞ며出荊門下泯江ᄒᆞ며過洞庭上湘水ᄒᆞ며行衡山之下ᄒᆞ야繇郴踰嶺이로다猿狖所家와魚龍所宮에極幽遐瓌詭之觀ᄒᆞ니宜其於山水에飫聞而厭見也어ᄂᆞᆯ今其意ㅣ乃若不足ᄒᆞ나다傳에曰智者樂水ᄒᆞ고仁者樂山이라

工人ᄒᆞ야存其大都焉ᄒᆞ노라◎余旣甚愛之ᄒᆞ고又感趙君之事ᄒᆞ야因以贈之ᄒᆞ고而記其人物之形狀與數ᄒᆞ야而時觀之以自釋焉ᄒᆞ노라

燕喜亭記　　仝人

此乃記文之正體而其結處特高로다歐陽永叔文章이大略有得於此

太原王弘中이在連州ᄒᆞ야與學佛人景常元慧遊러니異日에從二人者ᄒᆞ야行於其居之後、丘荒之間이라가上高而望得異處焉이라斬茅而嘉樹列ᄒᆞ고發石而淸泉激일ᄉᆡ輦糞壤ᄒᆞ며燔椔翳ᄒᆞ고却立而視之ᄒᆞ니出者는突然成丘ᄒᆞ고陷者는呀然成谷ᄒᆞ며窪者爲池而缺者爲洞ᄒᆞ야若有鬼神異物이陰來相之러라□自是로弘中이與二人者로晨往而夕忘歸焉ᄒᆞ야乃立屋而避風雨寒暑러라旣成ᄋᆡ愈請名之ᄒᆞ니其丘曰竢德之丘라蔽於古而顯於今ᄒᆞ니有竢之道也오用爾雅體其

大小十一頭오橐駝三頭오驢如橐駝之數而加其一焉着他變調此段文法自考工記及莊子齊物論中出來之法也ᄒᆞ며隼이一이오犬羊狐兎麋鹿이共三十이오旃車三兩이오雜兵器弓矢旌旗刀釰矛楯弓服矢房甲冑之屬과缾盂登笠筐筥錡釜飮食服用之器와壺矢博奕之具ㅣ二百五十有一이니皆曲極其妙러라人馬雜物作三疊文○貞元甲戌年에余在京師ᄒᆞ야甚無事라同居에有獨孤生申叔者ᄒᆞ야始得此畫而與余彈棊ᄒᆞ야余ㅣ幸勝而獲焉이라意甚惜之ᄒᆞ야以爲호ᄃᆡ非一工人之所能運思오盖聚集衆工之所長耳로다雖百金이라도不願易也러니明年에出京師至河湯ᄒᆞ야與二三客으로論畫品格이라가因出而觀之ᄒᆞᆯᄉᆡ座有趙侍御者ᄒᆞ니君子人也라見之의戚然若有感然이러니少而進曰噫라余之手模也ㅣ亾之且二十年矣로다余ㅣ少時에嘗有志乎玆事ᄒᆞ야得國本ᄒᆞ야絶人事而摸得之러니遊閩中而喪焉이라居閒處獨時에往來余懷也ᄒᆞ니以其始爲之勞而夙好之篤也로다今雖遇之나力不能爲已라且命

二人이오騎而下ᄒᆞ야倚馬臂隼而立者一人이오從而驅牧者二人이오坐而指使者一人이오甲胄ᄒᆞ고手弓矢鈇鉞植者七人이오甲胄ᄒᆞ고執幟植者十人이오負者七人이오偃寢休者二人이오甲胄坐睡者一人이오方涉者一人이오坐而脫足者一人이오寒附火者一人이오雜執器物役者八人이오奉壺矢者一人이오舍而具食者十有一人이오挹且注者四人이오牛牽者二人이오驢驅者四人이오(又忽倒也)一人이杖而負者ᄂᆞᆫ婦人이오以孺子載而可見者六人이오載而上下者三人이오孺子戲者九人이러라凡人之事ㅣ三十有二오爲人大小ㅣ百二十有三人이로ᄃᆡ而莫有同者焉ᄒᆞ며馬大者ㅣ九匹이오於馬之中에又有上者下者行者牽者涉者陸者翹者顧者鳴者寢者訛者立者人立者齕者飮者溲者陟者降者痒磨樹者噓者嗅者喜相戲者怒相踶齧者秣者騎者驟者走者載服物者載狐兎者러라凡馬之事ㅣ二十有七이오爲馬小大ㅣ(人則大小馬則小大變法)八十有三이로ᄃᆡ而莫有同者焉ᄒᆞ며牛ㅣ

가以親嫌으로移佐河陽ᄒᆞ야常喜與洛之士遊故로因吏事而至於此라余嘗與之徜徉於嵩洛之下ᄒᆞ야每得絕崖倒壑과深林古宇則必相與吟哦其間ᄒᆞ야始而歡然以相得이라가終則暢然覺乎薰蒸浸漬之爲益也로다故로久而不厭이러니旣而오以吏事訖言歸어ᄂᆞᆯ余且惜其去ᄒᆞ고又悲夫潛乎下邑ᄒᆞ야混於庸庸然이로다◎所謂能先羣物而貴於世者ᄂᆞᆫ特其異而已則光氣之輝然者를豈能掩之哉아

記

畵記 韓 愈

妙處ㅣ在物數龐襍而詮次詳悉ᄒᆞ니記文之本體大略如此也

雜古今人物小畵ㅣ共一卷ᄒᆞ니(陡然而起直頭法也)□騎而立者五人이오騎而被甲載兵立者十人이오(忽倒筆法)一人은騎執大旗前立ᄒᆞ고騎而被甲載兵行且下牽者十人이오騎且負者二人이오騎執器者二人이오騎擁田犬者一人이오騎而牽者二人이오騎而驅者三人이오執羈勒立者

贈其行ᄒᆞ며且邀道滋ᄒᆞ야酌酒進琴以爲別ᄒᆞ노라

送梅聖俞歸河陽序　　　仝　人

有逸趣

至寶ᄂᆞᆫ潛乎山川之幽而能先羣物ᄒᆞ야以貴於世者ᄂᆞᆫ負其有異而已로다故로珠潛於泥ᄒᆞ고玉潛於璞ᄒᆞ야不與夫蜃蛤珉石으로混而棄者ᄂᆞᆫ其光이賸美澤之氣ᄒᆞ야輝然特見于外也니라□士固有潛乎卑位而與夫庸庸之流로俯仰上下나然이나卒不混者ᄂᆞᆫ其文章才貌之光氣ㅣ亦有輝然而特見者矣라然이나求珠者ᄂᆞᆫ必之乎海ᄒᆞ고求玉者ᄂᆞᆫ必之乎藍田ᄒᆞ고求賢士者ᄂᆞᆫ必之乎通邑大都ᄒᆞ야據其會就其名而擇其精焉爾나니洛陽은天子之西都라距京師不數驛ᄒᆞ야搢紳仕宦이雜然而處ᄒᆞ니其亦珠玉之淵海歟ᆫ뎌○予方據是而擇之ᄒᆞ야獨得於梅君聖俞ᄒᆞ니其所謂輝然特見而精耶아聖兪ᄂᆞᆫ志高而行潔ᄒᆞ고氣秀而色和ᄒᆞ야嶄然獨出於衆人中이로다初爲河南主簿라

로다◻夫琴之爲技ㅣ小矣나及其至也ᄒᆞ야ᄂᆞᆫ大者爲宮ᄒᆞ고細者爲羽ᄒᆞ니操絃驟作에忽然變之ᄒᆞ야急者ᄂᆞᆫ悽然以促ᄒᆞ고緩者ᄂᆞᆫ舒然以和ᄒᆞ야如崩崖裂石과高山出泉而風雨夜至也ᄒᆞ며如寃夫寡婦之歎息과雌雄雍雍之相鳴也ᄒᆞ고其憂深思遠則舜與文王孔子之遺音也오悲愁感憤則伯奇孤子屈原忠臣之所歎也로다喜怒哀樂이動人必深而純古澹泊은與夫堯舜三代之言語와孔子之文章과易之憂患과詩之怨刺로無以異ᄒᆞ니其能聽之以耳ᄒᆞ며應之以手ᄋᆡ取其和者ᄒᆞ야道其湮鬱ᄒᆞ며寫其幽思則感人之際에亦有至者焉이라◯予友楊君이好學有文ᄒᆞ야累以進士擧로ᄃᆡ不得志ᄒᆞ고及從廕調ᄋᆡ爲尉於釖浦ᄒᆞ야區區在東南數千里外ᄒᆞ니是其心이固有不平者오且少又多疾而南方은少醫藥ᄒᆞ야風俗飮食이異宜ᄒᆞ니以多疾之體로有不平之心ᄒᆞ고居異宜之俗ᄒᆞ면其能鬱鬱以久乎아然이나欲平其心ᄒᆞ야以養其疾인ᄃᆡ於琴에亦將有得焉이라◎故로予作琴說ᄒᆞ야以

之飄風ᄒᆞ며鳥獸好音之過耳也ᄒᆞ라方其用心與力之勞ㅣ亦何異衆人之汲汲營營而忽焉以死者리오雖有遲有速이나而卒與三者로同歸於泯滅ᄒᆞ니言之不可恃也ㅣ盖如此라（一網收納無復遺鱗）○今之學者ㅣ莫不慕古聖賢之不朽ᄒᆞ야而勤一世以盡心於文字間者ㅣ皆可悲也로다（八疊屛風美人出來）◎東陽徐生이少從予學爲文章ᄒᆞ야稍稍見稱於人이러니既去而與羣士로試於禮部ᄒᆞ야得高第ᄒᆞ니由是知名이러라其文辭ㅣ日進如水湧而山出ᄒᆞ니予欲摧其盛氣而勉其思也라故로於其歸에告以是言ᄒᆞ노라然予固亦喜爲文辭者라亦因以自警焉이로다

歐陽公極好爲文、晚年見得如此、吾輩、生平以文章自娛者、當潑省

送楊寘序　　仝人

此文은當肩視昌黎而直上之

予ㅣ嘗有幽憂之疾ᄒᆞ야不能治也ㅣᆯᄉᆡ退而閒居라가既而오學琴於友人孫道滋ᄒᆞ야受宮聲數引ᄒᆞ고久而樂之ᄒᆞ야不知疾之在其體也

逾遠而彌存也로다其所以爲聖賢者는修之於身ᄒᆞ야施之於事ᄒᆞ며見之於言ᄒᆞᄂᆞ니是三者ㅣ所以能不朽而存也니라修於身者는無所不獲이어니와施於事者는有得有不得焉이오其見於言者則又有能有不能也者ᄒᆞ니施於事矣오不見於言은可也니라自詩書史記로所傳其人이豈必皆能言之士哉아修於身矣오而不施於事ᄒᆞ며不見於言도亦可也니라孔子弟子에有能政事者矣며有能言語者矣로ᄃᆡ若顏回者ᄒᆞ야ᄂᆞᆫ在陋巷ᄒᆞ야曲肱饑臥而已오其羣居則默然ᄒᆞ야終日如愚人ᄒᆞ나然自當時羣弟子로皆推尊之ᄒᆞ야以爲不敢望而及ᄒᆞ며而後世更百千歲ᄃᆞ록亦未有能及之者ᄒᆞ니其不朽而存者는固不待施於事온況於言乎아予讀班固藝文志와唐四庫書目ᄒᆞ다가見其所列ᄒᆞ니自三代秦漢以來로著書之士ㅣ多者는至百餘篇ᄒᆞ고少者는猶三四十篇이라其人을不可勝數로ᄃᆡ而散亡磨滅ᄒᆞ야百不一二存焉이라予ㅣ竊悲其人이文章麗矣오言語ㅣ工矣로ᄃᆡ無異草木榮華

고困而歸ᄒᆞ니曼卿은已死ᄒᆞ고秘演이亦老病이라嗟夫二人者여予乃見其盛衰則予亦將老矣로다夫曼卿은詩思ㅣ淸絶이나尤稱秘演之作ᄒᆞ야(一層秘演顔色)以爲雅健有詩人之意러라秘演은狀貌ㅣ雄傑ᄒᆞ고其胷中이浩然旣習于佛ᄒᆞ야無所用이오獨其詩ㅣ可行于世而懶不自惜이러니已老에胠其橐ᄒᆞ야尙得三四百篇ᄒᆞ니皆可喜者러라◎曼卿이已死의秘演이漠然無所向이라聞東南에多山水ᄒᆞ니其巔崖崛峍ᄒᆞ고江濤洶湧ᄒᆞ야甚可壯也ᄒᆞ고遂欲往遊焉ᄒᆞ니足以知其老而志在也로다於其將行에爲叙其詩ᄒᆞ야因道其盛時ᄒᆞ야以悲其衰ᄒᆞ노라

送徐無黨南歸序 仝人

△草木鳥獸之爲物과衆人之爲人이其爲生은雖異ᄒᆞ나而爲死則同一歸於腐壞澌盡泯滅而已로다□而衆人之中에有聖賢者ᄒᆞ니固亦生且死於其閒이로대獨異於草木鳥獸衆人者는雖死나而不朽ᄒᆞ야

余ㅣ少以進士로遊京師ᄒᆞ야因得盡交當世之賢豪나然猶以謂國家ㅣ臣一四海이休兵革ᄒᆞ고養息天下以無事者ㅣ四十年이라而智謀雄偉非常之士無所用其能者ㅣ往往伏而不出ᄒᆞ야(己占曼卿地位)山林屠販에必有老死而世莫見者라欲從而求之나不可得이러니□其後에得吾亡友石曼卿ᄒᆞ니曼卿은爲人이廓然有大志라時人이不能用其材ᄒᆞ고曼卿이亦不屈以求合ᄒᆞ야無所放其意則往往從布衣野老ᄒᆞ야酣嬉淋漓ᄒᆞ야顚倒而不厭이러라予疑所謂伏而不見者를庶幾狎而得之라故로嘗從曼卿遊ᄒᆞ야欲因以陰求天下奇士로다○浮屠秘演者ㅣ與曼卿으로交最久ᄒᆞ니亦能遺外世俗ᄒᆞ야以氣節相高러라二人이懽然無所間일석曼卿은隱於酒ᄒᆞ고秘演은隱於浮屠ᄒᆞ니皆奇男子也라然、喜爲歌詩以自誤ᄒᆞ야當其極飮大醉의歌吟笑呼ᄒᆞ야以適天下之樂ᄒᆞ니何其壯也오一時賢士ㅣ皆願從其遊러라余亦時至其室이러니十年間에秘演은北渡河東ᄒᆞ야之濟鄆이라가無所合ᄒᆞ

訓戒約束이라自非因事면無以發明이온矧余는中年早衰ᄒᆞ야意思零落이라以非工之作으로又無所遇以發焉이오其屑屑應用이拘牽常格ᄒᆞ야卑弱不振ᄒᆞ니宜可羞也로다然이나今文士ㅣ尤以翰林爲榮選ᄒᆞᄂᆞ다予既罷職의院吏ㅣ取余直草ᄒᆞ야以目次之ᄒᆞ야得四百餘篇ᄒᆞ니因不忍棄어든況其上自朝廷으로內及宮禁ᄒᆞ며下暨蠻夷海外히事無不載아而時政記日曆은與起居郞舍人으로有所略而不記나未必不有取於斯焉이로다◎嗚乎余且老矣라方買田淮潁之間ᄒᆞ야若夫涼竹簟之暑風과曝茅簷之冬日에睡餘支枕ᄒᆞ고念昔平生仕宦出處ᄒᆞ면顧瞻玉堂이如在天上이로다因覽遺藁ᄒᆞ야見其所載職官名氏ᄒᆞ고較其人盛衰先後와孰在孰亡ᄒᆞ면足以知榮寵이爲虛名而資笑談之一噱也라亦因以誇於田夫野老而已로다

釋秘演詩集序　　仝人

慷慨嗚咽如聞擊筑、如此文禮는逸得司馬子長之神髓

다以愚辭로歌愚溪則茫然而不違ᄒᆞ고昏然而同歸ᄒᆞ며超鴻濛混希夷ᄒᆞ야寂寥而莫我知也로다於是에作八愚詩ᄒᆞ야記於溪石上ᄒᆞ노라

內制集序

歐陽脩

老成人語

△昔錢思公이嘗以謂朝廷之官에雖宰相之重이라도皆可以他才處之로ᄃᆡ惟翰林學士ᄂᆞᆫ非文章이면不可라ᄒᆞ니思公이自言爲此語ㅣ頗取怒於達官이나然亦自負以爲至論이로다□今學士所作文書ㅣ多矣로ᄃᆡ至於青詞齊文ᄒᆞ야ᄂᆞᆫ必用老子浮屠之說ᄒᆞ야祈禳秘祝이往往近於家人里巷之事로다而制誥ᄂᆞᆫ取便於宣讀ᄒᆞ야常拘以世俗所謂四六之文ᄒᆞ니其類ㅣ多如此라然則果可謂之文章者歟아○予在翰林六年中間에進拜二三大臣이로ᄃᆡ皆適不當直而天下無事ᄒᆞ야四夷和好ᄒᆞ야兵革을不用ᄒᆞ니凡朝廷之文은所以指麾號令ᄒᆞ며

上出也러라合爲屈曲而南爲愚溝ᄒᆞ고遂負土累石ᄒᆞ야塞其隘爲愚池ᄒᆞ고愚池之東은爲愚堂ᄒᆞ고其南은爲愚亭ᄒᆞ고愚池之中은爲愚島ᄒᆞ야佳木異石을錯置ᄒᆞ니皆山水之奇者라以余故로咸以愚辱焉이로다夫水者ᄂᆞᆫ智者樂也어ᄂᆞᆯ今是溪ㅣ獨見辱於愚ᄂᆞᆫ何哉아蓋其流ㅣ甚下ᄒᆞ야不可以灌漑오又峻急多坻石ᄒᆞ야大舟ᄂᆞᆫ不可入也ᄒᆞ며幽邃淺狹ᄒᆞ야蛟龍이不屑ᄒᆞ야不能興雲雨ᄒᆞ야無以利世ᄒᆞ니而適類於余로다然則雖辱而愚之라도可也니라○甯武子ᄂᆞᆫ邦無道則愚ᄒᆞ니智而爲愚者也오顔子ᄂᆞᆫ終日不違如愚ᄒᆞ니睿而爲愚者也라皆不得爲眞愚어니와今余ᄂᆞᆫ遭有道而違於理ᄒᆞ며悖於事라故로凡爲愚ᄂᆞᆫ莫我若也로다夫然則天下ㅣ莫能爭是溪라余得專而名焉이로라 波瀾可愛 ◎溪雖莫利於世나而善鑑萬類ᄒᆞ야淸瑩秀徹ᄒᆞ며鏘鳴金石ᄒᆞ야能使愚者로喜笑眷慕ᄒᆞ야樂而不能去也오余雖不合於俗이나亦頗以文墨自慰ᄒᆞ야漱滌萬物ᄒᆞ며牢籠百態ᄒᆞ야而無所避之로

可不知其所自耶아(所自即聖人之道也)夫不知者ᄂᆞᆫ(變化結尾)非其人之罪也오知而不爲者ᄂᆞᆫ惑也며悅乎故ᄒᆞ야不能卽乎新者ᄂᆞᆫ弱也며知而不以告人者ᄂᆞᆫ不仁也오告而不以實者ᄂᆞᆫ不信也니라余旣重柳(客)請ᄒᆞ며又嘉浮屠ㅣ能喜文(主)辭ᄒᆞ야於是乎言ᄒᆞ노라(退之之因文得道者此也)

愚溪詩序 柳宗元

子厚文中最佳者

△灌水之陽에有溪焉ᄒᆞ니東流入于瀟水러라或曰冉氏嘗居也故로姓是溪曰冉溪라ᄒᆞ고或曰可以染也라名之以其能故로謂之染溪러라□余ㅣ以愚(一篇主脈)觸罪ᄒᆞ야謫瀟水上이라愛是溪ᄒᆞ야入二三里ᄒᆞ야得其尤絶者家焉이로다古有愚公谷이러니今余ㅣ家是溪而名莫能定일ᄉᆡ土之居者ㅣ猶齗齗然不可以不更也라故로更之爲愚溪ᄒᆞ라愚溪之上에買小丘爲愚丘ᄒᆞ고自愚丘東北으로行六十步得泉焉이라又買居之爲愚泉ᄒᆞ니愚泉이凡六穴이라皆出山下平地ᄒᆞ니蓋

ᄒᆞ고其心은有慕焉이로ᄃᆡ拘其法而未能入故로樂聞其說而請之로다如吾徒者ᄂᆞᆫ宜當告之以(實非文人口氣)二帝三王之道와日月星辰之行과天地之所以著와鬼神之所以幽와人物之所以蕃과江河之所以流로語之오不當又爲浮屠之說而瀆告之也로다民之初生에固若禽獸夷狄然이라聖人者ㅣ立然後에知宮居而粒食ᄒᆞ며親親而尊尊ᄒᆞ며生者養而死者藏이로다是故로道莫大乎仁義ᄒᆞ며敎莫正乎禮樂刑政이라施之於天下에萬物이得其宜ᄒᆞ며措之於其躬에體安而氣平ᄒᆞᄂᆞ니堯ㅣ(主)以是傳之舜ᄒᆞ고舜이以是傳之禹ᄒᆞ고禹ㅣ以是傳之湯ᄒᆞ고湯이以是傳之文武ᄒᆞ고文武ㅣ以是傳之周公孔子ᄒᆞ야書之於冊이라中國之人이守之어ᄂᆞᆯ今浮屠者ᄂᆞᆫ孰爲而孰傳之耶아(客)(冷語收轉)◎夫鳥ㅣ俛而啄ᄒᆞ고仰而四顧ᄒᆞ며夫獸ㅣ深居而簡出은(與夷狄禽獸相照應)懼物之爲己害也로ᄃᆡ猶且不脫焉ᄒᆞ야弱之肉强之食이어ᄂᆞᆯ今吾與文暢으로安居而暇食ᄒᆞ야優遊以生死ᄒᆞ니(宮居粒食生養死藏照應)與禽獸異者라寧

送浮屠文暢序　　仝　人

開闔圓轉이眞如走盤之珠ᄒᆞ니眞天地間有數文字로다通篇을一直說下로ᄃᆡ前後照應이在其中

△人固有儒名(客)而墨行者ᄒᆞ니問其名則是로ᄃᆡ校其行則非라可以與之遊乎아如有墨名(客)而儒行者ᄒᆞ니問其名則非로ᄃᆡ校其行則是라可以與之遊乎아揚子雲이稱ᄒᆞᄃᆡ在門墻則揮之ᄒᆞ고在夷狄則進之라ᄒᆞ니吾ㅣ取以爲法焉ᄒᆞ노라□浮屠(主)師文暢이喜文章(把得其柄)ᄒᆞ야其周遊天下에凡有行이면必請於搢紳先生ᄒᆞ야以求咏歌其所志ᄒᆞ더라貞元十九年春에將行東南ᄒᆞᆯᄉᆡ柳君宗元이爲之請이어ᄂᆞᆯ得所得叙詩累百篇ᄒᆞ니非至篤好면其何能致多如是耶아惜其無以聖人之道로(客反主)告之者오而徒擧浮屠之說(主反客)ᄒᆞ야贈焉이로다(此乃排倒衆人)○夫文暢은浮屠也라如欲聞浮屠之說인ᄃᆡ當自就其師而問之어니何故로謁吾徒而來請也오(此下無乃曲說然宗敎文學之口氣)彼見吾君臣父子之懿와文物事爲之盛

以百數로딕獨衡이爲宗이러라[又一跌也]最遠而獨爲宗ᄒᆞ니其神이必靈ᄒᆞ리로다[於此已占廖師地位]衡之南八九百里에地益高ᄒᆞ며山益峻ᄒᆞ며水淸而益駛ᄒᆞ니[又一跌也]□其最高而橫絶南北者ᄂᆞᆫ嶺이러라(主)郴之爲州ㅣ在嶺之上ᄒᆞ니測其高下ᄒᆞ면得三之二焉이로다[又一跌也]中州淸淑之氣ㅣ於是焉窮ᄒᆞ니氣之所窮에盛而不過ᄒᆞ야必蜿蟺扶輿ᄒᆞ며磅礴而鬱積이로다衡山之神이旣靈ᄒᆞ고而郴之爲州ㅣ又當中州淸淑之氣ᄒᆞ야蜿蟺扶輿ᄒᆞ며磅礴而鬱積ᄒᆞ니其水土之所感과神氣之所感에白(客)金水銀丹砂石英鐘乳橘柚之苞와竹箭之美와千尋之名材ㅣ不能獨當也리라[纔入正論]○意必有魁奇忠信材德之民(主)이生其間이어ᄂᆞᆯ吾又未見也ᄒᆞ니其無乃迷惑溺沒於佛老之學而不出耶아◎廖師ᄂᆞᆫ郴氏이라而學於衡山ᄒᆞ니氣專而容寂ᄒᆞ고多藝而善遊로다豈吾所謂魁奇而迷溺者耶아廖師ᄂᆞᆫ善知人ᄒᆞ니不在其身이면[其不輕許]必在其所與遊로다訪之而不吾告ᄂᆞᆫ何也오於其別에申以問之ᄒᆞ노라

叱咤嗚咽而一涕一笑其趣也不窮이로다昌黎序文中最奇者ㅣ此文也

△抑燕趙는 一篇主論 古稱 遠引起惡知其今不異於古所云句 多感慨悲歌之士로다 客 □揚 董生이擧進士호야連不得志於有司호고 主 懷抱利器鬱鬱適茲土호니吾知其必有合也로다董生은勉乎哉ㄴ뎌夫以子之不遇時로苟慕義彊仁者ㅣ皆愛惜焉이어니 掉尾 矧燕趙之士는出乎其性者哉아然이나○闕 吾常聞風俗이與化移易이라호니吾ㅣ惡知其今不異於古所云耶아聊以吾子之行으로卜之也호리라吾ㅣ因子有所感矣로다爲我 無限波瀾 弔望諸君之墓호고而觀於其市호라復有昔時屠狗者乎아 慷慨悲歌與之相照 ◎鎖 爲我謝曰明天子ㅣ在上호니可以出而仕矣라호라

送廖道士序 仝人

文如貫珠

△五岳이於中州에衡山이 客 最遠호니 一跌 南方之山이巍然高而大者ㅣ

絶也러라就其善者는(掉尾)其聲이淸以浮ᄒᆞ고其節이數以急ᄒᆞ고其辭ㅣ淫以哀ᄒᆞ고其志ㅣ弛以肆ᄒᆞ고其爲言也ㅣ亂雜而無章ᄒᆞ니將天醜其德ᄒᆞ야莫之顧耶아(言盡意窮波瀾忽起)何爲乎不鳴其善鳴者也오(漸入于主)唐之有天下에陳子昂蘇源明元結李白杜甫李觀이皆以其所能鳴ᄒᆞ며其存而在下者(始入于主)孟郊東野ㅣ(主)始以其詩鳴ᄒᆞ니(三十二鳴字實爲此一鳴字來)(關)○其高ㅣ出魏晉ᄒᆞ야不懈而及於古ᄒᆞ며其他는浸淫于漢氏矣러라從吾遊者李翺張籍이其尤也니三子者之鳴이信善矣로다抑不知天將和其聲而使鳴國家之盛耶아抑將窮餓其身ᄒᆞ며思愁其心腸而使自鳴其不幸耶아(此二鳴字又是波瀾)三子者之鳴이則懸乎天矣라其在上也ㅣ奚以喜며其在下也ㅣ奚以悲리오(鎖)◎東野之役於江南也에有若不釋然者故로吾ㅣ道其命於天者ᄒᆞ야(一篇主旨繳盡于此)以解之ᄒᆞ노라

送董邵南序 仝人

文僅百餘字而感古慨今ᄒᆞ야讀之에若與燕趙豪傑之士로相爲

者而假之鳴ᄒᆞᄂᆞ니是故로以鳥鳴春ᄒᆞ며以雷鳴夏ᄒᆞ며以蟲鳴秋ᄒᆞ며以風鳴冬이로다四時之推敓도其必有不得其平者乎아(三轉而入人事)其於人也에亦然이로다人聲之精者ㅣ爲言ᄒᆞ니文辭之言이(主)又其精也라(遠遠胚胎以其詩鳴)尤擇其善詞者而假之鳴ᄒᆞ니其在(客)唐虞ᄒᆞ야ᄂᆞᆫ咎陶禹ㅣ其善鳴者也라而假以鳴ᄒᆞ고夔ᄂᆞᆫ弗能以文辭鳴일ᄉᆡ又自假於韶以鳴ᄒᆞ며夏之時五子ᄂᆞᆫ以其歌鳴ᄒᆞ며伊尹은鳴殷ᄒᆞ며周公은鳴周ᄒᆞ며凡載於詩書六藝者ㅣ皆鳴之善者也로다周之衰에孔子之徒ㅣ鳴之ᄒᆞ니其聲이大而遠이라傳에曰天將以夫子로爲木鐸이라ᄒᆞ니其不信矣乎아其末也에莊周ㅣ以其荒唐之辭로鳴ᄒᆞ며楚ᄂᆞᆫ大國也라其亡也에以屈原으로鳴ᄒᆞ며孫辰孟軻荀卿은以道鳴者也오楊朱墨翟管夷吾晏嬰老聃申不害韓非愼到田騈鄒衍尸佼孫武張儀蘇秦之屬은以其術鳴ᄒᆞ고秦之興에李斯ㅣ鳴之ᄒᆞ며漢之時ᄂᆞᆫ司馬遷相如楊雄이最其善鳴者也오其下魏晋氏ᄂᆞᆫ鳴者ㅣ不及於古나然亦未甞

文章體法卷下

文章體製

序

送孟東野序　韓愈

此乃命世筆力

(抑)△大凡物不得其平(客)則鳴ᄒᆞᄂᆞ니(一鳴字起了三十四鳴字)草木之無聲을風撓之鳴ᄒᆞ며水之無聲을風蕩之鳴ᄒᆞ야其躍也或激之ᄒᆞ며其趨也或梗之ᄒᆞ며其沸也或炙之ᄒᆞ며金石之無聲을或擊之鳴이로다(一轉而入于人)□(揚)人之於言(主)也에亦然ᄒᆞ야有不得已者後言ᄒᆞᄂᆞ니(與物不得其平則鳴照應)其歌也有思ᄒᆞ고其哭也有懷라凡出乎口而爲聲者ㅣ其皆有不平者乎아樂也者ᄂᆞᆫ鬱於中而泄於外者也라擇其善鳴者而假之鳴ᄒᆞᄂᆞ니金石絲竹匏土革木은物之善鳴者也로다(二轉而入天道)維天之於時也(客)에亦然ᄒᆞ야擇其善鳴

焉。者。乎、 焉字ᄂᆞᆫ輕提、者乎二字ᄂᆞᆫ有所指而輕住之意

焉。爾。乎、 輕提虛問之詞而其意甚婉

爾。乃。乎、 爾ᄂᆞᆫ這樣也、乃乎亦有所指而問之之詞

也。歟。哉、 連用三字則咏歎搖曳之詞、亦帶疑怪之意

也。乎。哉、 亦仝

右列諸字ᄂᆞᆫ逆用者

文章體法卷上 終

已乎、不止於此之意、又歎惜詞、已耶亦仝而微疑問之意
者哉、有所指而咏歎之詞
也哉、搖尾咏歎之詞而其意甚長
矣哉、殺語而亦帶詠歎之意
夫哉、語止於此之意
者歟、有所指而虛歇之詞
也歟、與也哉略同而音義—更覺藴蓄
者耶、有所指而疑問之詞
也耶、音長而虛歇、文之喝醒處、情之感慨處多用之
否耶、是不是之詞
焉否耶、焉字는連上文一截復押之意、否耶二字는是不是兩問之詞
而已乎、與已乎仝而但而字、一轉下來

右列諸字ᄂᆞᆫ順用者

哉。、與乎字同而語助詞、亦贊歎詞大抵殺脚字、疑之之詞君子多乎哉。ㅣ是也、句絕而嗟歎之詞觚故觚哉。ㅣ是也、驚怪之詞異哉。子叔疑ㅣ是也、自得之意吾何爲不豫哉。ㅣ是也、贊歎之詞水哉。水哉。ㅣ是也口以爲然而心不烏然之意人焉廋哉。ㅣ是也、語助詞其將以行之哉。是也

歟。、語末疑詞、與乎字同、但乎字輕、歟字穩、乎字疑而未定、歟者則有疑而不疑之意

耶。、語終疑詞、與乎哉相近而但有咏嘆之意、又有婉轉詰問之意、又有怪異未許之意、比乎字則意味悠然

者。乎。、有所指而疑問之詞

也。乎。、順勢虛落之詞

矣。乎。、語終而意不盡之詞

也矣、 順勢收殺之詞

已矣、 意足而緊殺之詞니言止此而無他之意

者焉、 有所指而輕住之詞

者耳、 有所指而順落之詞

焉耳、 平提而順落之詞

已耳、 文畢而順落之詞

也夫、 順落而又含咏歎之詞

矣夫、 緊殺而亦帶咏歎之詞

焉而已、 一提一轉一殺之詞、連下此三字의文極搖曳나然上用二兩實字라아方得佳妙

焉耳矣、 焉字는一提、耳矣二字는順殺、卽止無餘之詞

焉者矣、 焉字는一提、者矣二字는有所指而結殺之詞

而已矣、 上文文義를收轉到此而盡絕之詞

已。語終詞可謂好學也已。又太也是皆已。甚。又既也今乘輿ㅣ已。駕矣。又啻也而已。之類

者、卽物而襯貼之詞니當看上文之如何。上文이若人則指人也니毋友不如己者。ㅣ是也。上文이若物則指物也니以其所有로易其所無者。ㅣ是也。上文이若理則指理也니知仁勇三者。ㅣ是也。又分別界限之詞。仁者。人也ㅣ是也。又語助詞。而好犯上者。ㅣ是也

云。說字同。詩云。禮云。或云。之類。在文尾句末則爲語助詞其大意則猶如此說也。又有悠然不盡之意ᄒᆞ니但斟酌得當이可也。又有不必言之意而無限含蓄ᄒᆞ니云。云。이是也

者也。有所指而順落之詞라文意已畢處多用之ᄒᆞ니如好古敏以求之者。也。之類

也者。必有後句接應而解釋之意ᄒᆞ니如孝悌也。者。之類

也已。順落上文而止此之詞

所不全而只隨文勢押下也。語之餘、詞之終也、凡文勢ㅣ平平落下ᄒᆞ야高不太抑ᄒᆞ며低不太殺、其用이大約有四ᄒᆞ니一曰決詞未之有也ㅣ是也、一曰訓釋詞仁者人也。一曰數詞修身也。齊家也。治國也。句中半落復起處助語詞其爲人也。孝悌之類

矣、語已詞、助語詞、決斷詞用矣字則上必用則、斯二字、比也字則更緊焉、作助語則吾必謂之學矣。上用則字則何益矣、上用斯字則斯蹶矣。之類

焉、語終詞、決斷詞比也字則稍輕清、其曰四十五十而無聞焉。은語終詞也、斯天下之民이至焉。은決斷詞、或作豈字焉。得、焉。知之類

耳。語助詞此字ㅣ最有含蓄底意味、亦有將然而未然之意、亦轉殺之詞、亦軟活字、軟活則盡心焉耳。矣、轉殺則堯舜도與人同耳。將然未然則弗爲耳。之類、爾。同

通ᄒᆞ니君子人與ㅣ是也

僅、略也、少也他無可取之意

庶、冀願之詞、又近也

盍、何不也省一字法이니盍各言其志ㅣ是也

可、許之之詞肯也、否之對也、又僅足之詞니可也簡이是也

否、不可也、不然也

五、束語、束語者ᄂᆞᆫ行文收束處股頭에多用二虛字而收束一篇之局

總之、結上文而言

要之、要領之詞니文勢至末의因欲生波ᄒᆞ야逐以切要處再提出來

大約、約은略이니大概之詞、大抵仝

六、歇語、歇語者ᄂᆞᆫ文字之住足處也니虛歇、實歇、順歇、逆歇이各有

汲汲之類
姑。、聊且如此之意、亦活字也姑。舍是之類
凡。、一統總說之意凡。有四端於我者ㅣ是也、亦發語詞
皆。、同然之詞、括彼此交合之詞
方。、將然之詞、又纔也爰方。啓行之類、又且也方。且膺之之類
將。、未然而欲然之詞將。有事於西疇ㅣ是也、又虛擬之詞將。卑踰尊
이是也、又漸近之詞將。五十里ㅣ是也
遽。、急卒之詞니如遽。然、遽。爾之類、忽。、倏。亦全而忽。은突然、倏。은不足
之意
當。、該當也又適也、宜也理合如此之意、又另起之詞、宜。亦全而相稱
相合之意也
與。、取用이亦多ᄒᆞ니及也與。其弟辛이是也、許也與。其進也ㅣ是也、
助也是與。人爲善이是也、授也與。之酒ㅣ是也、或作歟語詞則與。歟字

諸。、與之、於字同而亦歇語詞多用於句中ᄒᆞ니如求諸。己之類、審問而未定之詞聞斯行諸。ㅣ是也其諸。異乎人之求之與ㅣ是也

不。、與未、非字相類而稍重、否亦通用

未。、旣之反、已之對、又有將然且然未必之意也、比不字則轉婉曲如未。也則是一轉淺入之意、猶未。也則又一轉之意

猶。、似。也、如。也、若。也文莫吾猶。人也之類、又還。也、尙。也猶。可以爲善之類

由。、自。也、從。也由。湯至于武丁이是也、又用。也以。也由。是之焉之類、又率循也小大由。之之類

尤。、甚。也、更。也一節淺一節、一層高一層之詞

旣。、已然已往之詞、又盡詞旣。月之類

莫。、禁止之詞勿。也、不。也、不可也、又定詞求民之莫。이是也

殆。、發語詞殆。有甚焉、約略評論之詞其殆。庶幾乎之類、危之詞殆。哉

詞也

于。、提定那人物那事理而言ᄒᆞ니如于。彼乎、于。此乎、于。以求之之類與於字相類而比於稍實、音吁則歎詞也

所。、語助詞니非身之所。能爲ㅣ是也、又指物之詞니察其所。安이是也

攸。、所也而略緩婉ᄒᆞ니如有攸。不爲臣이是也

其。、隨在而指之詞니先治其。國則指國、其。人存則指人、其。心休休則指心、又語助詞夜如何其。、又發語詞其。盛矣乎之類

厥。、亦語助詞匪厥。玄黃이是也、比其則略重

乎。、此本歇語詞나然用在句中則與於字로同意而略有虛活之味ᄒᆞ니不明乎。善이是也、作歇語則疑而未定之詞君子者乎。ㅣ是也、又咏歎詞於。乎、烏乎。、不亦說乎。ㅣ是也、又詰問詞學詩乎。ㅣ是也、又辨駁詞不敬이면何以別乎。ㅣ是也、又商量詞以與爾鄰黨隣里乎。ㅣ是也

不但此也、彼旣如此而此又如此也、不啻、奚啻、不是亦同

四、襯語、襯語者는作文에一句一句中必用虛字以襯貼ᄒᆞ나니或用於句頭、句中、句末而視其適宜下字也

之、此字는作文者之要用이如而字、作語助詞則喜怒哀樂未發之爲中이是也、作的字則大學之道ㅣ是也、作於字則之其所愛敬而辟焉이是也、又所指之詞니博學之之字는指理也、莊以涖之之字는指人也

以、依據之詞而其用이亦多ᄒᆞ니同因也不以言避人이是也、又用也爲政以德이是也、又爲也視其所以ㅣ是也、又已也無以則王乎ㅣ是也

於、音烏則歎美詞也卽也向也在也與于字大同小異ᄒᆞ니猶云自此而於彼也吾之於人이是也、作在字則造次必於是ㅣ是也、作向字則志於道ㅣ是也、作卽字則於從政乎에何有ㅣ是也니總之則語助

必也、擬而決斷之詞

但以、第以、況乎解見前

無如、猶言無奈

有如、設有如此之詞、又擬度之意

更有、進一步掉起之詞、尤有亦同、仍有、還有之詞也

意者、未的而似然之詞

意必、擬而用決之詞

或者、亦擬度之詞而比意者則稍虛也

或曰、乃假作他人之言而下答以己意也、說者曰、亦同

使曰、假曰、借曰皆或曰之意

不知、前說이未當故로轉作曉喩之詞니猶曰止知其一而不知其二也

不寧惟是、不獨如此之詞니跟上文而引伸之意

然後、言既如此라야方如彼也、夫如是然後行之類

然則、猶言如此則云云、承上文而直斷之詞

否則、否눈不然也、猶言不然則云云反上過下之詞

雖然、頓住前文而另起下文之詞니猶言雖是如此나更有云云、雖然今日之事ㅣ是也

不然、反掉上文而將爲論斷之詞

彼夫、指別事理別人物以言之故로下此字眼而轉換起來也、若夫、乃若、至若、彼其皆一意

設使、鮮見使字下、設令、假使、假令、藉使、借使、借令具同

既而、是既如彼而又如此之詞、如既而日之類

已而、已如彼而又如此也

今乃、或已說盡了前人物前事理ᄒᆞ고又轉到現在之人物事理에多用此等眼字、今也、今焉、今則、今夫皆同

有分別、矧。字亦同而稍輕

抑。、發語詞、抑。王은興甲兵也反語詞、抑。亦先覺者也轉語詞、抑。亦立而視其死歟也亦然之詞、抑。爲采色이不足視於目歟也大約深一層開一步處用之而句末에多以、乎。、歟。字로押之

獨。、推開別說、單設一語之詞

惟。、如獨字ᄒᆞ니此乃有力字也如惟。此時爲然之類、唯。字亦同而惟唯二字는皆專詞也如惟。從心心之專也、唯。從口口之專也

顧。、跟上文而進論之詞、又反語詞니在乃。、然。二字間則尤好也

固。、本然之詞니如固。將朝也之類

彼。、別有所指之詞、又此之對也、又外之之詞、彼。哉彼。哉之類

奈。、如之何之詞、亦曰奈何

然。而。、反上意而圓轉之詞니言如此矣而又不然、是는別轉一說口氣

使。設使也、比倘、設字則稍實
但。前有一說而又別有一說者則用此轉下、又任從之詞、第。字도亦
同
雖。不足上文之詞니言雖。是如此나更有云云也
乃。發語詞니乃。若其情、又緩緩不遽然之意니乃。所謂善也、又繼事
之詞니乃。積乃。倉之類
而。語助詞、亦小轉之詞라文非此字則血脉이不能貫通ᄒᆞ야無以
成文矣니作語助詞則動而。世爲天下道ㅣ是也、作小轉詞則和而。不
流ㅣ是也、又句頭에先着此字ᄒᆞᄂᆞ니亦承上轉之意、又語終詞、室是
遠而。是也
況。此字ᄂᆞᆫ更將別人物別事理來ᄒᆞ야與前說相形ᄒᆞ니如曰輕者
如此커든況。重者乎、重者如此커든況。輕乎、又況。夫。者ᄂᆞᆫ句更端也、況。
於。者ᄂᆞᆫ句。將轉也니夫字則其意悠揚ᄒᆞ고於字則其意切近ᄒᆞ야微

子ㅣ葬其親이厚之類、接上文換出一意、如然。則小固不可敵大之類、又形容之助語、如儼然。油然。囂囂然。欣欣然。

苟、誠也며果也니苟。志於仁矣之類、亦作若者看ᄒᆞ니苟。無其位ㅣ是也

或、疑之詞、未定之意、又不名其人而但以或字로代之ᄒᆞ니或。이問之類、又未有此事而預度之詞니如或。者之類、又用多端之事物에連下或字以指陳ᄒᆞ니如或。响或。吹、或。遠或。近之類、又惑字同ᄒᆞ니無或乎王之不智ㅣ是也

倘、設或之意니猶若也、如也라凡於反語에皆用之

如、亦設或之意、未的之語、又猶也、似也如。追放豚이是也

若、如字同而略淡ᄒᆞ니如若。殺其父兄이是也、又形容之意니如肅

若。雖若。是也、又指定之詞니如以若。所爲ㅣ是也

設、假設之詞니未然而爲或然之想者則皆用之

豈。其。、反折而有所指之詞

何。其。、反詰而亦有所指

抑。何。、轉一層而反詰之詞

又。何。、進一步而亦反詰

毋。乃。、有所疑義而自反審度之詞

不。幾。、反言卽至於此之意

右列諸字ᄂᆞᆫ皆跟上文而逆用者

三、轉語、轉語者ᄂᆞᆫ文章之從無直行者에ᄂᆞᆫ必用轉語而相生ᄒᆞᄂᆞ니或正起而反轉ᄒᆞ며或反起而正轉ᄒᆞ고或淡一層而轉淡ᄒᆞ며或開一步而轉開處에苟無一兩虛字而領之ᄒᆞ면文勢澁滯ᄒᆞ야如膠柱之瑟也

然。、承上過下起頭的眼字니凡於轉上文、接上文換出一層意思處에若非此字면轉接이苟且ᄒᆞ니라今에轉上文換出一意、如然。而夷

能、寧有等字는與豈詎等字로皆同而但略婉有商量之意

焉得、 亦志願而未必之詞

奚必、 反折之詞、奚能、奚有、奚可、奚不、皆同上

得不、 猶云豈得不、安得不也니此는省上一字法

欲不、 猶云雖欲不、不欲不也니亦省字法

疇不、 疇는誰也니人人有同然之意也、比得不、欲不則、稍婉轉而不急也、疇能、疇得、疇意上同

烏得、 反折詞、烏能、烏有、烏乎其可皆一意

孰能、 猶云必不能也니如孰能禦之之類、亦詰問之詞니如孰能一之之類、孰得、孰有、孰非、孰敢皆一意而孰敢은自恃之詞

何足、 反言不足如此也、安足、焉足、奚足、烏足亦上意

此豈、 指上文而反指之詞、玆豈、是豈、斯豈同上

此非、 指上文而直斷之詞是非、玆非、斯非同上

豈。是何字意니卽吾豈。敢이是也、又斷決之詞니此豈。山之性也哉是也、又反說之意也、又非然之詞也、與詎字로同而略婉

寧。願詞也니如曰寧。可如此라ᄒ면是願如此之意也、兩相比而願其一之詞니卽禮與其奢也론寧。儉이是也

非。不是之詞니但比不是則稍婉轉也

何。反詞、又怪問之詞、奚。烏。皆同而烏字는或用歎詞

豈。不。折辨之詞

豈。得。抑折之詞

豈。非。反言其意니卽丁寧之詞

豈。可。禁止之詞니卽詰斷之意

豈。必。反言不必如此也、豈。有。豈。能。詎。必。詎。能。詎。可。詎。得。詎。非。詎。有。等이皆反詞

寧。得。亦折抑之詞、又有所願而未遂之意也、寧。必。寧。不。寧。非。寧。可。寧。

所爲、猶云所稱也니原其稱而進斷之詞
蓋謂、推原其說之詞니亦可用於起處
以爲、自揣如是之詞
是爲、指上斷之之詞
如此、直指上文ᄒᆞ야將有後說之詞니如此則無敵於天下之類、或用以煞脚(即減殺)ᄒᆞ니其自任以天下之重이如此之類、如是、若是、若此等은皆一義而只要理順之如何
若然、亦原其上追斷之詞
於此、猶云在此也니但比在字則稍虛
於是、於斯、於玆等이亦同
似乎、想像之詞
恍若、彷彿形容之詞、宛若亦同
右列諸字는皆跟上文而順用者

何。哉。之類、何。以。는有何用意如何。以。伐爲之類、何。如。는其詞直ᄒᆞ니如好樂何。如。之類、如之何는婉其詞而詳議之詞、且有疑問之意、如舜如。之。何。如。之。何其可也之類

是。以。、指上推原之詞

故。夫。、有所因而言ᄒᆞ니如故。夫。三桓子之子孫이微矣之類

所。以。、順上推原之詞니猶云惟其如此라所以如此也、在句中則有推進一層之意、如君子之所。以。異於人者之類

蓋。以。、原上而順推之詞

將。以。、承上推原其將然之詞

誠。以。、確然推斷之詞

是。知。、接上而有所解悟之詞

一。若。、單拈一說摹擬之詞、一似亦同

所。謂。、原其說而進解之詞

由是、由此、由玆、自是、自此、自玆、從此、從玆等字는皆跟上文引起之詞
是其、跟上文指點之詞、此其亦同
及夫、及乎、至于、迨夫皆跟上文而推引之詞、又房及之意也、施及蠻貊、
及其所不愛之類、夫乎于는但順其口氣而用措則可也
追至、由此及彼之詞、及至亦同
甚至、極言所致之詞
何則、頓上文而作問호야將欲答之之詞
何者、順上文而有所問之詞
何也、順上文作問之詞、則字는健호고者字는平호고也字는輕
是何也、是何、何哉、何以、何如、如之何、皆文中自問之詞니所以引起
下文來者、是何也는比何也면更平婉호니下文을當如江河之水ㅣ
滔滔汨汨流去也、是何는下文語勢峻急호니當如石落高峯、如是何
異於刺人而殺之也之類何哉는言何故如此也、如不待其招而往은

甚矣、甚哉、 欲大言下文故로先着此二字以起之也、亦危之之詞니甚矣吾衰也之類

二、接語、接語者는凡承接上文ᄒᆞ야順勢講下而不復轉折處用之

此、指定之詞니又彼之對也

玆、此此字略婉

是、指上而順斷之詞

斯、此字는顯而直ᄒᆞ고斯字는文而輕ᄒᆞ니如其斯之謂歟斯得民矣之類、語畢之詞、詩經多用之

故、所以也、因上文而生ᄒᆞ니猶云爲此緣故로是以云云也、故로君子는必愼其獨也、又是故、猶云因是之故也、是故로君子는先愼乎德之類、故曰者、曾有此語而今擧証之也、故로曰配天之類、又用句末、何以故之類

則、直接緊要之詞니中間에着不得一毫兒迂緩、如則近道矣之類

蓋、發端字、推原詞니卽大凡之意라作文에先用蓋字而發端則文義順緩而不急ᄒᆞ니蓋自上古以來、蓋上世에嘗有不葬其親者、蓋嘗論之之類

且夫、從寬遠說起之詞니且夫枉尺而直尋之類

今夫、卽今所論而發端之詞니今夫天下之人牧之類

今以、以者는有所據之詞라故로據事理以言之에皆可用也

原夫、原은推原也、推究其本而言也

嘗思、追憶之詞

嘗觀、有所憑吊之詞、又借事發論ᄒᆞ야歷考其實者

嘗稽、稽考而立言之詞

慨自、感歎追溯之詞

以爲、推原其意ᄒᆞ야以爲如此也

謂夫、謂는說也、夫는語助也니謂夫莫之禁而弗爲者之類

二十四、虛字法

作文에必有起接轉襯束歇六法ᄒᆞ니不有虛字而調之則段落이不明也라今列六法于左

一、起語、起語者ᄂᆞᆫ前此無之而以虛字로起之ᄒᆞ며或前文을已畢而以虛字로另起也

且、發語詞니且。天之生物也、未定詞니我且。直之、又與況字略同ᄒᆞ니如且。爾言過矣、既明且。哲皆進一步之詞也

謂、與之言也오非與之言而或稱其人勉其人責其人ᄒᆞᄂᆞ니亦曰謂。有所指言、謂。此之謂。自謙이是也、謂。其斯之謂。歟ㅣ是也

夫、亦發端字니與蓋字相似而但夫字ᄂᆞᆫ將指此事此物此理而發ᄒᆞ니夫。人이幼而學之、又語已詞로爲句絶之餘聲ᄒᆞ니意婉而聲衍ᄒᆞ며又有歎意ᄒᆞ니必子之言夫。句中助語者ᄂᆞᆫ如小子ᄂᆞᆫ何莫學夫。詩、所指之詞ᄂᆞᆫ夫。二三子ㅣ是也

利也오祖廟ᄂᆞᆫ所以本仁也오山川은所以儐鬼神也오五祀ᄂᆞᆫ所以
本事也
存乎法 〔易係辭〕列貴賤者ᄂᆞᆫ存乎位ᄒᆞ고齊小大者ᄂᆞᆫ存乎卦ᄒᆞ고
辨吉凶者ᄂᆞᆫ存乎辭ᄒᆞ고憂悔吝者ᄂᆞᆫ存乎介ᄒᆞ고震無咎者ᄂᆞᆫ存乎
悔
莫大乎法 〔易係辭〕法象이莫大乎天地ᄒᆞ고變通이莫大乎四時ᄒᆞ
고懸象著明이莫大乎日月ᄒᆞ고崇高ㅣ莫大乎山川ᄒᆞ고(山川、富貴之誤也)
備物致用ᄒᆞ며立成器ᄒᆞ야以爲天下利ㅣ莫大乎聖人云云
知所以法 〔中庸〕則知所以修身ᄒᆞ며知所以修身이면則知所以治
人ᄒᆞ며知所以治人이면知所以治天下國家矣
矣法 〔六月詩序〕鹿鳴이廢則和樂이缺矣오四牡ㅣ廢則君臣이缺
矣오皇皇者華ㅣ廢則忠信이缺矣오常棣ㅣ廢則兄弟ㅣ缺矣下皆
類此〔詩〕辭之輯矣여民之洽矣로다辭之懌矣여民之莫矣

曰法〔洪範〕一曰水二曰火三曰木四曰金五曰土〔周禮〕曰風曰賦曰比曰興曰雅曰頌〔洪範〕曰雨曰霽曰蒙曰驛曰克曰貞曰悔不言數又一法也〔大宗伯〕春見曰朝오夏見曰宗이오秋見曰覲이오冬見曰遇오時見曰會오殷見曰同〔易係辭〕天地之大德曰生이오聖人之大寶曰位니何以守位오曰仁이오何以聚人고曰財오理財正辭ᄒᆞ며禁民爲非曰義此類又一法也

得之法〔莊子〕稀韋氏ᄂᆞᆫ得之以挈天地ᄒᆞ며伏羲氏ᄂᆞᆫ得之以襲氣母ᄒᆞ며維斗ᄂᆞᆫ得之以終古不忒ᄒᆞ며日月은得之以終古不息ᄒᆞ며堪坏ᄂᆞᆫ得之以襲昆崙ᄒᆞ며馮夷ᄂᆞᆫ得之以遊大川ᄒᆞ며肩吾ᄂᆞᆫ得之以處大山ᄒᆞ며黃帝ᄂᆞᆫ得之以登雲天ᄒᆞ며顓頊은得之以處玄宮

之以法〔禮記〕慮之以大ᄒᆞ며愛之以敬ᄒᆞ며行之以禮ᄒᆞ며修之以孝養ᄒᆞ며紀之以義ᄒᆞ며終之以仁

所以法〔禮運〕祭帝於郊ᄂᆞᆫ所以定天位也오祀社於國은所以列地

有禮故로三族和也오以之朝廷有禮故로官爵序也오以之田獵有禮故로戎事閑也오以之軍旅有禮故로武功成也

足以法 〔易〕體仁足以長人이오嘉會足以合禮오利物足以和義오貞固足以幹事〔中庸〕聰明睿智ㅣ足以有臨也오寬裕溫柔ㅣ足以有容也오發强剛毅ㅣ足以有執也오齊莊中正이足以有敬也오文理密察이足以有別也

也法 〔中庸〕修身也尊賢也親親也敬大臣也體羣臣也子庶民也來百工也柔遠人也懷諸侯也

得其法 〔仲尼燕居〕宮室이得其度ᄒᆞ며量鼎이得其象ᄒᆞ며味得其時ᄒᆞ며樂得其節ᄒᆞ며車得其式ᄒᆞ며鬼神이得其饗ᄒᆞ며喪紀ㅣ得其哀ᄒᆞ며辨說이得其當ᄒᆞ며官得其體ᄒᆞ며政事ㅣ得其施

以法 〔大司樂〕以致鬼神ᄒᆞ며以和邦國ᄒᆞ며以諧萬民ᄒᆞ며以安賓客ᄒᆞ며以說遠人ᄒᆞ며以作動物

而法 〔莊子〕而容이崖然ᄒᆞ고而目이衝然ᄒᆞ고而顙이頯然ᄒᆞ고而口ㅣ闞然ᄒᆞ고而狀이義然〔考工〕淸其灰ᄒᆞ야而盝之ᄒᆞ며而揮之ᄒᆞ며而沃之ᄒᆞ며而塗之ᄒᆞ며而宿之

方且法 〔莊子〕方且本身而異形ᄒᆞ며方且尊知而火馳ᄒᆞ며方且爲緖使ᄒᆞ며方且爲物絯ᄒᆞ며方且四顧而物應ᄒᆞ며方且應衆宜ᄒᆞ며方且與物化

似法 〔莊子〕似鼻似口似枅似圈似臼似洼者似汚者 此言風吹動竅之皃

乎法 〔莊子〕與乎其觚而不堅也ᄒᆞ며張乎其虛而不華也라邴邴乎其似喜乎ㅣㄴ뎌崔乎其不得已乎ㅣㄴ뎌畜乎進我色也ᄒᆞ며與乎止我德也之類〔推理〕洞洞乎其敬也ᄒᆞ며屬屬乎其忠也ᄒᆞ며勿勿乎其欲其饗之也

乃法 〔詩〕乃慰乃止ᄒᆞ며乃左乃右ᄒᆞ며乃疆乃理ᄒᆞ며乃宣乃畝

以之法 〔仲尼燕居〕以之居處有禮故로長幼辨也오以之閨門之內

蕃殖이於是乎始ᄒ고敦龐純固ㅣ於是乎成

有法 〔禮記〕有直而行也ᄒ며有曲而殺也ᄒ며有經而等也ᄒ며有順而討也ᄒ며有漸而播也ᄒ며有推而進也ᄒ며有放而文也之類〔樂師〕有帗舞有羽舞有皇舞有旄舞有干舞有人舞〔左氏傳〕名有五ᄒ니有信有義有象有假有類又一法也

兮法 〔荀子〕井井兮其有條理也ᄒ며嚴嚴兮其能敬己也ᄒ며分分兮其有始終也ᄒ며厭厭兮其能長久也ᄒ며樂樂兮其執道不殆也ᄒ며炤炤兮其用之也明ᄒ며修修兮其用統類之行也ᄒ며綏綏兮其有文章也ᄒ며熙熙兮其樂人之臧也ᄒ며隱隱兮其恐人不當也

則法 〔中庸〕誠則形ᄒ고形則著ᄒ고著則明ᄒ고明則動ᄒ고動則變ᄒ고變則化

然法 〔荀子〕儼然壯然俱然蕼然恢恢然廣廣然昭昭然蕩蕩然

奚法 〔莊子〕奚爲奚據며奚避奚處며奚就奚去며奚樂奚惡

于時法 〔詩〕于時處處ᄒᆞ며于時廬旅ᄒᆞ며于時言言ᄒᆞ며于是語語

時是通也

實法 〔詩〕實方實苞ᄒᆞ며實種實褎ᄒᆞ며實發實秀ᄒᆞ며實堅實好ᄒᆞ
며實頴實栗

曾是法 〔詩〕曾是强禦ᄒᆞ며曾是掊克ᄒᆞ며曾是在位ᄒᆞ며曾是在服

侯法 〔詩〕侯王侯伯、侯亞侯旅、侯彊侯以

有若法 〔書〕有若虢叔、有若閎夭、有若散宜生、有若泰顚、有若南宮括

未嘗法 〔家語〕未嘗知哀ᄒᆞ며未嘗知憂ᄒᆞ며未嘗知勞ᄒᆞ며未嘗知
懼ᄒᆞ며未嘗知危

斯法 〔檀弓〕人喜則斯陶陶ᄒᆞ며斯咏咏、斯猶猶、斯舞舞、斯慍慍、斯戚
戚、斯歎歎、斯辟辟、斯踊矣

於是乎法 〔國語〕上帝之粢盛이於是乎出ᄒᆞ고民之蕃庶ㅣ於是乎
生ᄒᆞ고事之供給이於是乎在ᄒᆞ고和協輯睦이於是乎興ᄒᆞ고財用

携ᄒᆞ며遷而不淫ᄒᆞ며復而不厭ᄒᆞ며哀而不愁ᄒᆞ며樂而不荒ᄒᆞ며用而不匱ᄒᆞ며廣而不宣ᄒᆞ며施而不費ᄒᆞ며取而不貪ᄒᆞ며處而不底ᄒᆞ며行而不流

其法〔易係辭〕其稱名也ㅣ小ᄒᆞ나其取類也ㅣ大ᄒᆞ며其旨遠ᄒᆞ며其辭文ᄒᆞ며其言이曲而中ᄒᆞ며其事ㅣ肆而隱〔樂記〕其哀心感者ᄂᆞᆫ其聲이噍以殺ᄒᆞ고其樂心感者ᄂᆞᆫ其聲이嘽以緩ᄒᆞ고其喜心感者ᄂᆞᆫ其聲이發以散ᄒᆞ고其怒心感者ᄂᆞᆫ其聲이粗以厲ᄒᆞ고其敬心感者ᄂᆞᆫ其聲이直以廉ᄒᆞ고其愛心感者ᄂᆞᆫ其聲이和以柔

焉法 〔祭統〕見事鬼神之道焉ᄒᆞ며見君臣之義焉ᄒᆞ며見父子之倫焉ᄒᆞ며見貴賤之等焉ᄒᆞ며見親踈之殺焉ᄒᆞ며見爵賞之施焉ᄒᆞ며見夫婦之別焉ᄒᆞ며見政事之均焉ᄒᆞ며見長幼之序焉ᄒᆞ며見上下之際焉〔學記〕藏焉修焉息焉游焉〔三年問〕翔回焉鳴號焉蹢躅焉踟蹰焉此又一法也

可法 〔考工記〕可規可萬ᄒᆞ며可水可縣ᄒᆞ며可量可權〔表記〕事君이可貴可賤ᄒᆞ며可富可貧ᄒᆞ며可生可殺

可以法 〔論語〕詩ᄂᆞᆫ可以興ᄒᆞ며可以觀ᄒᆞ며可以羣ᄒᆞ며可以怨〔月令〕可以登高明ᄒᆞ며可以遠眺望ᄒᆞ며可以升山陵ᄒᆞ며可以處臺榭〔莊子〕可以保身ᄒᆞ며可以全生ᄒᆞ며可以養親ᄒᆞ며可以盡年

爲法 〔易說卦〕乾은爲天爲圜爲君爲父爲玉爲金爲寒爲氷爲大赤爲良馬爲老馬爲瘠馬爲駁馬爲木果〔莊子〕形就而入ᄒᆞ면且爲顚爲滅爲崩爲蹶ᄒᆞ며心和而出ᄒᆞ면且爲聲爲名爲妖爲孼此又一法也

必法 〔考工記〕容轂必直ᄒᆞ며陳篆必正ᄒᆞ며施膠必厚ᄒᆞ며施筋必數

不以法 〔左氏傳〕名字ᄂᆞᆫ不以國不以官不以山不以川不以隱疾不以畜牲不以器幣

不法 〔左氏傳〕直而不倨ᄒᆞ며曲而不屈ᄒᆞ며邇而不偪ᄒᆞ며遠而不

이오成象之謂乾이오効法之謂坤이오極數知來之謂占이오通變之謂事오陰陽不測之謂神〔退之賀冊尊號表〕臣은聞體仁以長人之謂元이오發而中節之謂和오無所不通之謂聖이오妙而無方之謂神이오經緯天地之謂文이오戡定禍亂之謂武오先天不違之謂法天이오道濟天下之謂應道此原於易辭

謂之法〔易係辭〕闔戶를謂之坤이오闢戶를謂之乾이오一闔一闢을謂之變이오往來不窮을謂之通이오見乃謂之象이오形乃謂之器오制而用之를謂之法이오利用出入에民咸用之를謂之神、凡經、傳、子、記之謂之法이悉原於此

之法〔孟子〕勞之來之ᄒ며匡之直之ᄒ며輔之翼之〔道德經〕故로道生之畜之ᄒ며長之育之ᄒ며成之熟之ᄒ며養之覆之〔易說卦〕雷以動之ᄒ며風以散之ᄒ며雨以潤之ᄒ며日以恒之ᄒ며艮以止之ᄒ며兌以說之ᄒ며乾以君之ᄒ며坤以藏之此又一法也

文有數句用一類字ᄒᆞ니此所以壯文勢而廣文義也라然悉有其法ᄒᆞ니

或字〔詩〕或燕燕居息ᄒᆞ며或盡瘁事國ᄒᆞ며或息偃在床ᄒᆞ며或不已于行ᄒᆞ며或不知叫號ᄒᆞ며或慘慘劬勞ᄒᆞ며或棲遲偃仰ᄒᆞ며或王事鞅掌ᄒᆞ며或湛樂飮酒ᄒᆞ며或慘慘畏咎ᄒᆞ며或出入風議ᄒᆞ며或靡事不爲〔退之南山詩〕或連若相從ᄒᆞ며或蹙若相鬬ᄒᆞ며或安若弭伏ᄒᆞ며或竦若驚劬ᄒᆞ며或散若瓦解ᄒᆞ며或赴若輻輳ᄒᆞ며或翩若船遊ᄒᆞ며或決若馬驟〔道德經〕故로物은或行或隨ᄒᆞ며或呴或吹ᄒᆞ며或强或羸ᄒᆞ며或載或隳

者字〔考工記〕脂者膏者臝者羽者鱗者、又曰以脰鳴者以注鳴者以旁鳴者以翼鳴者以股鳴者以胷鳴者〔莊子〕激者謞者叱者吸者叫者譹者宎者咬者〔退之〕畫記、行者牽者奔者涉者陸者翹者顧者鳴者寢者訛者立者齕者飮者溲者陟者降者此皆原於考工記

之謂法〔易係辭〕富有之謂大오業日新之謂盛德이오生生之謂易

文有目人之體ᄒᆞ니如

〔論語〕德行은顔淵、閔子騫、冉伯牛、仲弓이오言語ᄂᆞᆫ宰我、子貢이오政事ᄂᆞᆫ冉有、季路오文學은子游、子夏〔楊子法言〕美行은園公、綺里、季夏、黃公、角里先生이오言辭ᄂᆞᆫ婁敬、陸賈、執正、王陵、申屠嘉오折節은周昌、汲黯、守儒、袁固、申公〔班固公孫弘贊〕儒雅則董仲舒、兒寬이오篤行則石建、石慶이오質直則汲黯、卜式이오推賢則韓安國、鄭當時之類

二十二、 列氏法

又有列氏之體ᄒᆞ니

〔左氏傳〕殷氏ᄂᆞᆫ六族이니條氏徐氏蕭氏索氏長勺氏尾勺氏〔莊子〕子獨不知至德之世乎아昔者에容成氏大庭氏伯皇氏中央氏栗陸氏驪畜氏〔司馬遷〕作夏本紀贊曰其後에分封而用國爲姓故로有夏后氏有扈氏有男氏斟尋氏彤城氏褒氏之類

二十三、 類字法

二十、 數人行事法

凡數人行事之文이其體ㅣ有三이라或先總而後數之ᄒᆞ니

孔子ㅣ謂子產曰有君子之道四焉ᄒᆞ니其行己也恭ᄒᆞ며其事上也敬ᄒᆞ며其養民也惠ᄒᆞ며其使民也義之類

或先數而後總之ᄒᆞ니

子產이數鄭公孫黑曰爾有亂心無厭ᄒᆞ야國不女堪일ᄉᆡ專伐伯有ᄒᆞ니而罪一也오昆弟爭室ᄒᆞ니而罪二也오薰隧之盟에女汝矯君位ᄒᆞ니而罪三也라有死罪三ᄒᆞ니何以堪之之類

或先旣總而後復總之ᄒᆞ니

孔子曰臧文仲은其不仁者ㅣ三이오不知者ㅣ三이오下展禽ᄒᆞ며廢六關ᄒᆞ며妾織蒲ᄒᆞ니三不仁也오作虛器ᄒᆞ며縱逆祀ᄒᆞ며祀爰居鳥名ᄒᆞ니三不知也之類

二十一、 目人法

牲ᄒᆞ며備其鼎俎ᄒᆞ며列其琴瑟ᄒᆞ며管磬鐘皷로修其祝嘏ᄒᆞ야以
降上神與其先祖ᄒᆞ고以正君臣ᄒᆞ고以篤父子ᄒᆞ고以睦兄弟ᄒᆞ고
以齊上下ᄒᆞ고夫婦有所ᄒᆞ니是謂承天之祜此等文은自然和協而
讀之如水流風行也

十八、轉倒法

文有上下轉倒之法ᄒᆞ니此乃盡其義而協其辭也니如
[書]無偏無黨ᄒᆞ니王道蕩蕩이로다無黨無偏ᄒᆞ니王道平平[詩]不明
爾德이면時無背無側이오爾德不明은以無陪無卿之類

十九、緩急法(附輕重法)

夫辭는以意爲主ᄒᆞ고文은以辭爲主故로辭有緩急之體ᄒᆞ니
[韓宣子]吾淺之爲丈夫也則其辭ㅣ緩ᄒᆞ고[景春]曰公孫衍張儀는豈
不誠大丈夫哉則其辭ㅣ急ᄒᆞ며狠譚은於是乎君子則其辭ㅣ輕ᄒᆞ
고子謂子賤曰君子哉라若人則其辭ㅣ重

釋其義以斷之三體也

又〔大學〕康誥에曰克明德、太甲에曰顧諟天之明命、帝典에曰克明峻德、湯之盤銘에曰苟日新이어든日日新ᄒᆞ며又日新、康誥에曰作新民、詩曰周雖舊邦이나其命維新이라ᄒᆞ니是故로君子ᄂᆞᆫ無所不用其極此ᄂᆞᆫ總采羣言ᄒᆞ야以盡其義ᄒᆞ니是亦一體也

十七、協文法

樂奏而不和ᄒᆞ면樂不可聞이오文作而不協ᄒᆞ면文不可讀이니是以로文貫其協이니라夫古人之文은發於自然이라故로其協也ㅣ亦自然이러니後世之文은出於有意라故로其協也ㅣ亦有意로다古之協文을略列于左

〔書〕任賢勿貳ᄒᆞ시며去邪無疑ᄒᆞ시며疑謀란勿成ᄒᆞ시샤百志惟熙云云〔易〕乾剛坤柔ᄒᆞ며比樂師憂ᄒᆞ며臨觀之義ᄂᆞᆫ或與或求云云(乾、坤、比、師、臨、觀卦之名也)〔禮記〕玄酒在堂ᄒᆞ고醴醆在戶ᄒᆞ고澄酒在下로다陳其犧

也ㅣ盖有二端ᄒᆞ니一以斷行事ᄒᆞ며二以證立言이로다此二者를三體以分ᄒᆞ니如

[左氏傳]詩曰自詒伊慼은其子臧之謂矣此ᄂᆞᆫ引詩以斷之一體也

[左氏傳]詩曰于以采繁을于沼于沚로다于以用之ᄒᆞ니公侯之事ᄂᆞᆫ秦穆이有焉이오夙夜匪懈ᄒᆞ야以事一人은孟明이有焉이오詒厥孫謨ᄒᆞ야以燕翼子ᄂᆞᆫ子桑이有焉이라ᄒᆞ니此ᄂᆞᆫ引詩以合斷之二體也

[國語]詩曰其類維何오室家之壼로다君子萬年에永錫祚胤이라ᄒᆞ니類也者ᄂᆞᆫ不忝前哲之謂也오壼也者ᄂᆞᆫ廣裕民人之謂也오萬年也者ᄂᆞᆫ令聞不忘之謂也오祚胤者ᄂᆞᆫ子孫蕃育之謂也로다單子ㅣ朝夕不忘成王之德ᄒᆞ니可謂不忝前哲矣오膺保明德ᄒᆞ야以佐王室ᄒᆞ니可謂廣裕民人矣오若能類善物ᄒᆞ야以混厚民人者ᄂᆞᆫ必有章譽蕃育之祚라則單子ㅣ必當之矣라ᄒᆞ니此ᄂᆞᆫ既引詩文ᄒᆞ고又

十四、取音法

字有音韵故로或有取音韻而成句ᄒᆞ니如

〔鄉飲酒義〕秋之爲言은愁也、又曰冬者는中也〔易〕嗑者는合也〔樂記〕樂者는樂(落也)也〔孟子〕校者는敎也〔楊子〕禮以體之之類

十五、倒言法

倒言而不失其言者는言之妙也오倒文而不失其文者는文之妙也라

文有倒用之法ᄒᆞ니如

〔春秋〕吳子ㅣ遏伐楚ᄒᆞᆯ시門于巢卒(吳子欲伐楚過巢〔地名〕不假塗卒暴入巢門門者以爲犯巢故射殺之故與巢得殺之也)此文은先言門而後言于巢ᄒᆞ니於文則雖倒나寓意則深矣〔禹貢〕厥篚는玄纖縞、又曰雲土ㅣ夢作乂纖字不在玄上ᄒᆞ고土字不在夢下ᄒᆞ니亦一倒法也

十六、援引法

文之作也에或稱古人言ᄒᆞ며或稱我聞曰ᄒᆞ니此皆援引法也라其體

鳧脛이雖短이나續之則憂ᄒᆞ고鶴脛이雖長이나斷之則悲ᄒᆞᄂᆞ니檀弓之文句ᄂᆞᆫ長短이有法ᄒᆞ야增不可增ᄒᆞ며損亦不可損ᄒᆞ니今擧其例컨ᄃᆡ

長句法、毋乃使人으로疑夫不以情居瘠者乎哉、又曰孰有執親之喪而沐浴佩玉者乎、又曰蕢尙이不如杞梁之妻之知禮也、又曰苟無禮義忠信誠慤之心以涖之之類

短句法、不吊者、三、畏、厭、(壓也)溺之類(臨戰無勇而死曰畏立于巖墻之下壓而死曰厭舟游而死曰溺此三者皆非正命故不吊也)

十三、釋字法

字有偏傍故로或有取偏傍而成句者ᄒᆞ니如(周禮)五人爲伍(中庸)誠者ᄂᆞᆫ自成也(孟子)征之爲言은正也(莊子)庸也者ᄂᆞᆫ用也(檀弓)夫祖者ᄂᆞᆫ且也(祭統)銘者ᄂᆞᆫ自名也(表記)仁者ᄂᆞᆫ人也之類

初非有意而渾然自成者ᄂᆞᆫ如〔詩〕威侮五行、怠棄三正、佑賢輔德、顯忠遂良凡文之對偶者若此則工矣

十一、 鍊句法

皷瑟不難이라難於調絃ᄒᆞ고作文不難이라難於鍊句ᄒᆞ니句法을當如檀弓之文이라아乃佳니라

〔檀弓〕南宮縚之妻之姑之喪〔家語〕則南宮縚之妻ᄂᆞᆫ孔子之兄女니喪其姑〔檀〕予惡夫涕之無從也〔家〕則吾惡夫涕而無以將之〔檀〕仲子ᄂᆞᆫ亦猶行古之道也〔家〕則仲子ᄂᆞᆫ亦猶行古人之道〔檀〕夫子ㅣ爲弗聞也者而過之〔家〕則夫子ㅣ爲之隱佯不聞以過之〔檀〕不知速朽之愈也〔家〕則死不如朽之速愈、檀弓與家語로語則一語而家語句法이終不如檀弓之工也

十二、 句法의長短

〔檀弓〕勿之有悔焉耳矣〔孟子〕寡人이盡心焉耳矣〔檀弓〕我吊也與哉〔左氏傳〕獨吾君也乎哉、凡此等文章은一句而三字連助로되不嫌其多也〔左氏傳〕其有以知之矣、又曰其無乃是也乎哉此는六字成句而四字爲助로되亦不嫌其多也〔檀弓〕南宮縚之妻之姑之喪〔樂記〕不知手之舞之足之蹈之此文은不嫌用之字之多也〔論語〕富哉、言乎〔檀弓〕美哉渙焉此文은四字成句而助辭ㅣ半之ᄒᆞ니究不如是면文不健也〔左氏傳〕美哉라泱泱乎大風也哉여表東海者는其太公乎ᆫ뎌國未可量也此文은每句終에用助而讀之로되殊無齟齬艱辛之態也

十、對儷法

對貴於無意而自然成者ᄒᆞ니若或有意而强之ᄒᆞ면字則雖對而文實不順ᄒᆞ니有意而成者는如

〔詩〕發彼小豝、殪此大兕、又曰誨爾諄諄、聽我藐藐、又曰故謀用是作ᄒᆞ야而兵由此起之類

ᄒᆞ며應如答響然이라故로多用何。乎。曰。然。等字ᄒᆞ니如
〔孟子〕與陳相으로答問許子之事에曰許子ᄂᆞᆫ必種粟而後에食乎아曰然ᄒᆞ다許子ᄂᆞᆫ必織布而後에衣乎아曰否라許子ᄂᆞᆫ衣褐이니라許子ᄂᆞᆫ冠乎아曰冠이니라曰奚冠고曰冠素니라曰自織之歟아曰否라以粟易之니라曰許子ᄂᆞᆫ奚爲不自織고曰害於耕이니라曰許子ᄂᆞᆫ以釜甑爨ᄒᆞ며以鐵耕乎아曰然ᄒᆞ다自爲之歟아曰否라以粟易之之類 曰許子以下諸許子字不用恐無妨也信乎其答問之文其難也哉

九、助辭法

文之助辭ㅣ如禮之有儐ᄒᆞ며樂之有相ᄒᆞ니禮無儐則不行ᄒᆞ고樂無相則不諧ᄒᆞ고文無助則不順이라今擧其例컨ᄃᆡ乎。耶。否。歟。等字ᄂᆞᆫ多用於未決之辭ᄒᆞ고焉。耳。矣。也。等字ᄂᆞᆫ多用於已斷之辭ᄒᆞ고蓋。夫。其。惟。等字ᄂᆞᆫ多用於起下之辭ᄒᆞ고而。之。則。於。等字ᄂᆞᆫ多用於承上之辭ᄒᆞ니如

猶以指測河也ᄒᆞ며猶以戈舂黍也ᄒᆞ며猶以錐飡壺之類

七、簡喩　文略而意明ᄒᆞ니如(左氏傳)名은德之輿也(楊子)仁은宅也之類

八、詳喩　多辭而意乃顯ᄒᆞ니如(荀子)夫耀蟬者ᄂᆞᆫ務在其明乎火振其樹而已어ᄂᆞᆯ火不明ᄒᆞ면雖振其樹나無益也니今夫人主ㅣ有能明其德이면卽天下ㅣ歸之를若蟬之歸明火也之類(耀蟬疑以火誘蟬也)

九、引喩　引前人之言事ᄒᆞ야以證現時言事ᄒᆞ니如(諺)所謂某言某事ㅣ其此之謂歟書曰某言易曰某事ㅣ正謂此也之類

十、虛喩　旣不指物ᄒᆞ며亦不指事ᄒᆞ고空中樓閣이突如其起ᄒᆞ니如(論語)其言이似不足者(老子)飂兮似無所止之類

八、問答法

夫一事之問答은文固不難이나至若數端ᄒᆞ야ᄂᆞᆫ文實未易ᄒᆞ니問則不用問字ᄒᆞ며對則不用對字ᄒᆞ고言簡而意贍ᄒᆞ야讀之에續如貫珠

王荒淫登樓問宋玉曰快哉此風何風宋玉云云〔左氏傳〕是ᄂᆞᆫ豢吳也夫伍子胥曰此越人豢吳也夫若人養犧牲終必爲食也己〔公羊傳〕其諸爲雙雙而俱至歟之類雙雙獸名其雙行疋至如雙雙

三、類喩、取其一類而喩之ᄒᆞ니如〔書〕王省惟歲ᄒᆞ며卿士惟月ᄒᆞ며師尹惟日歲月日一類也〔賈誼〕天子ᄂᆞᆫ如堂ᄒᆞ고羣臣은如階ᄒᆞ고衆庶ᄂᆞᆫ如地堂階地一類也

四、詰喩 若問若難而意在淺遠ᄒᆞ니如〔論語〕虎兕ㅣ出於柙柵也ᄒᆞ니是誰之過歟아〔左氏傳〕人之有墻은以蔽惡也어ᄂᆞᆯ墻之隙壞ᄂᆞᆫ誰之過歟之類

五、對喩 先比後證ᄒᆞ야上下相符ᄒᆞ니如〔莊子〕魚相忘于江湖ᄒᆞ고人相忘于道術〔荀子〕流丸은止於甌臾凹處ᄒᆞ고流言은止於智者之類

六、聯喩 取以爲喩ㅣ連至再三ᄒᆞ니如〔書〕若金닌된用汝作礪ᄒᆞ고若濟巨川닌된用汝作舟楫ᄒᆞ고若歲大旱닌된用汝作霖雨〔荀子〕

分守ㅣ已明而形名이次之ᄒᆞ고形名이已明而因任이次之ᄒᆞ고因任이已明而原省이次之ᄒᆞ고原省이已明而是非ㅣ次之ᄒᆞ고是非ㅣ已明而賞罰이次之之類(原省、能者原之不能者省減之)

三、自流極源　如(大學)古之欲明明德於天下者ᄂᆞᆫ先治其國ᄒᆞ고欲治其國者ᄂᆞᆫ先齊其家ᄒᆞ고欲齊其家者ᄂᆞᆫ先修其身ᄒᆞ고欲修其身者ᄂᆞᆫ先正其心ᄒᆞ고欲正其心者ᄂᆞᆫ先誠其意ᄒᆞ고欲誠其意者ᄂᆞᆫ先致其知之類

七、取喩法

易은以象而盡其意ᄒᆞ고詩ᄂᆞᆫ以比而達其情ᄒᆞ니文之作也에可無喩乎아取喩之法이有十

一、直喩　取何喩何에多用猶。若。如。似。等字ᄒᆞ니如(孟子)猶緣木而求魚也(書)若朽索之馭六馬(論語)譬若北辰(莊子)淒然似秋風之類

二、隱喩　文雖晦奧나意則可尋ᄒᆞ니如(宋玉)此獨大王之雄風(楚襄)

ㅣ不如利而後利之之利也오利而後利之ㅣ不如利而不利者之利也(國語)故人은在始與善ᄒᆞ니始與善이면善進善ᄒᆞ야不善이蔑由至矣어니와始與不善이면不善이進不善ᄒᆞ야善亦蔑由至矣(穀梁傳)人之所以爲人者는言也어늘人而不能言이면何以爲人이며言之所以爲言者는信也어늘言而不信이면何以爲言이며信之所以爲信者는道也어늘信而不道면何以爲信之類也

六、接續法

上下相承이若繼踵然ᄒᆞ야其體有三

一、積小至大　如(中庸)能盡其性則能盡人之性ᄒᆞ며能盡人之性則能盡物之性ᄒᆞ며能盡物之性則可以贊天地之化育ᄒᆞ며可以贊天地之化育則可以與天地參矣之類

二、由精及粗　如(莊子)古之明大道者는先明天而道德이次之ᄒᆞ고道德이已明而仁義ㅣ次之ᄒᆞ고仁義ㅣ已明而分守ㅣ次之ᄒᆞ고

四、曲折法

曲則不能不逶迤ᄒᆞ며折則不能不重複이나其意則委盡無餘ᄒᆞ야無復容加之謂니今擧其例

〔詩〕云誰之思오西方美人이로다彼美人兮여西方之人兮로다此於思賢之意에辭不容加오〔又曰〕自古在昔ᄒᆞ야先民有作이로다此於考古之意에辭不容加오〔書〕眇眇〔小也〕予末小子라ᄒᆞ니此於自謙之意에辭不容加라此乃曲折之妙也

五、交錯法

絲纏于輪而不見其首ᄒᆞ고龍蟠于穴而不見其尾로다此法은主在柝理而理盡乃已ᄒᆞᄂᆞ니如

〔書〕念玆在玆ᄒᆞ며釋玆在玆ᄒᆞ며名言玆在玆ᄒᆞ며允出玆在玆〔莊子〕有始也者ᄒᆞ며有未始有始也者ᄒᆞ며有未始有夫未始有也者〔又曰〕以指喩指之非指ㅣ不若以非指로喩指之非指也〔荀子〕不利而利之

〔劉向所著〕夫上之化下ㅣ猶風之靡草ᄒᆞ야東風則草靡而西ᄒᆞ고西風則草靡而東ᄒᆞ야在風所由而草爲之靡라ᄒᆞ니此用三十二字而意乃顯ᄒᆞ고〔論語〕君子之德은風이오小人之德은草라草上之風이면必偃이라ᄒᆞ니此簡於劉之文이十有六字로ᄃᆡ意亦顯ᄒᆞ고〔尙書〕爾惟風이오小人은惟草라ᄒᆞ니此復簡於論語之文이九字로ᄃᆡ意愈顯ᄒᆞ니文章之最難者惟此簡用也

三、含蓄法

文之作也에載事其難이오事之載也에含蓄이其難이로다盖含蓄則辭不迫而意自暢ᄒᆞ고開露則語易竭而意隨窮ᄒᆞᄂᆞ니故로善於文者ᄂᆞᆫ例如題月則寫江色嶽影而月明之意ᄂᆞᆫ自蓄乎其中ᄒᆞ고題花則寫紅雨香風而花開之意ᄂᆞᆫ自含乎其中이라今擧其法

〔舟搖搖而輕颺題〕中一翁之白髮、外萬里之靑山〔公羊傳〕秦敗于殽之事에疋馬隻輪이無返者라ᄒᆞ니此皆蓄意之妙也

文章體法卷上

文章總則

一、主客法

毋論何文ᄒᆞ고必有主客ᄒᆞ니主客이闕一이면文不能成이라故로或先主後客ᄒᆞ며或先客後主ᄒᆞ야其體也ㅣ不一이나然、急管長絃은其節也ㅣ常應乎黃鐘ᄒᆞ고淸渭濁涇은其歸也ㅣ必宗乎滄海ᄒᆞ야雖設種種方法ᄒᆞ며雖變種種門路라도究竟目的은不離乎主旨ᄒᆞ니此是文章之第一則也

二、簡用法

凡事ᄂᆞᆫ以簡爲要ᄒᆞ고夫言은以簡爲當ᄒᆞᄂᆞ니言以載事ᄒᆞ고文以載言이라故로文貴其簡이니라然이나簡而意不顯이면是ᄂᆞᆫ非簡이오踈也며漏也라簡法은當如尙書라아乃佳也

（下卷）
文章體製別 （一一八）

文章體法引用書目

一 晩香菊池三九郞文章眞訣
一 唐宋八大家
一 左傳
一 尙書
一 禮記
一 陳騤文話集

一 (篇數)諸體에對ᄒᆞ야率히 一、二를編ᄒᆞ고獨序、記、論、文等을多入ᄒᆞᆷ은或其體法의差別을因ᄒᆞᆯ뿐不啻라此等의文字ᄂᆞᆫ普通多數히需用됨을爲ᄒᆞᆷ

文章體法凡例

一 (書名)此書는古來文章大家의諸作을選拔ᄒᆞ야編輯ᄒᆞᆫ者라文章의體製와法則이極備ᄒᆞᆷ으로命名ᄒᆞᆷ

一 (編次)諸體의法則이極備ᄒᆞ나各히其事에因ᄒᆞ야其用이亦異ᄒᆞᆷ으로文章의普通総則을其首에冠ᄒᆞᆷ

一 (句讀)普通學者의便宜키爲ᄒᆞ야諺吐를懸ᄒᆞᆷ

一 (篇法)學者의辨別模則을爲ᄒᆞ야抑。揚。關。鎖。(卽今之起。承。轉。結。)의四則을表明ᄒᆞ니抑。은△揚。은□關。은○鎖。는◎로或此法을不用ᄒᆞ고順勢用下者는段落을」로表示ᄒᆞᆷ

一 (要旨)主點은　　客點은　　으로或　　가無히　　만表示ᄒᆞᆫ處는一篇의要點으로看做ᄒᆞᆷ이可ᄒᆞᆷ

於後人이리오故余ㅣ爲是之憾ᄒᆞ야於古來文章諸體에選其最法者ᄒᆞ야編爲是書ᄒᆞ니姑可謂爲文者之軆法이라何幸天下之志於文者ᄂᆞᆫ其或有取於此歟아李鍾麟序

大正二年七月　日

體法而裁作이면長短廣狹이不適于身ᄒᆞ나니文之體法이亦類是也로다衣不稱身이면其何爲衣며文不稱法이면其何爲文이리오嗚乎라文豈可易者乎아文其言之餘者也언마ᄂᆞᆫ人未有不言者而有文者少ᄒᆞ고僅有其人而有法者少ᄒᆞ니觀於此書에足可證矣로다此書編纂이總百有十八篇이라閱其氏名ᄒᆞ면槪左馬屈賈韓柳歐蘇等幾人이로다古來爲文者ㅣ止於斯已乎아其或有之而莫之傳者ᄂᆞᆫ非法之致也니文而不傳이면古人之心事를何能法於今日이며今日之心事를何能法

文章體法自序

文貴其傳ᄒᆞ고傳貴其法ᄒᆞ니傳而不法이면不如無文이로다蓋文者ᄂᆞᆫ言之不得己者오言又心之不得己者라一切事法이自具乎心ᄒᆞ니有此心이면皆可也라何用爲言이며一切心法이自發乎言ᄒᆞ니有此言이면亦可也라復何爲文고心固機事나事不可自成者라不得不言이오事固有言이나言不可遠傳者라不得不文이로다文固傳言者己矣라言無精粗히傳之則可也어ᄂᆞᆯ何用爲法고法者ᄂᆞᆫ適其適之謂也라夫布帛이適於衣者나不有

其時文之將振ᄒᆞ야於是乎書

大正二年七月 日

玉坡李鍾一

鷩은猶之可也어니와揣籥爲日이不其遠乎아未嘗不爲識字之憾이러니凰山李君鍾麟이甚憂之ᄒᆞ야慨然以一正其謬而開導後學으로爲己任ᄒᆞ야費了兩年星霜ᄒᆞ고而搜得千古文章ᄒᆞ야編爲一部大書ᄒᆞ니體製之別이凡百有十八篇이오法則之總이凡二十有四節이라並名之曰文章體法이라ᄒᆞ니信乎라其名이여爲文者ㅣ舍是書何文哉아凰山은妙年文章으로早有聲於當世者라吾疑其無自而得矣러니今見是書ᄒᆞ니此君文章이果有得於是也로다書成ᄋᆡ屬余爲序ᄒᆞ니余ㅣ喜

文章體法序

文豈徒然者哉아人聲之最貴者言이오言聲之最貴者文이라古來聖賢豪傑之士ㅣ未始不急於言文而尤於文者ᄂᆞᆫ言惟一時而止者오文其萬世之傳者라一時之聲은其或磨滅이어니와萬世之聲은不可回收ᄒᆞ나니古人之急於文者ㅣ其爲是也로다文豈妄爲者哉아經傳史策이各有體法ᄒᆞ야井井然如兵伍之整列而不可亂ᄒᆞ며方方焉如河山之鋪置而不可易이어ᄂᆞᆯ今之爲文者ᄂᆞᆫ或不知文有體法ᄒᆞ고率以集字爲文ᄒᆞ나니噫라刻鵠類

言不及乎一片心
先正其心法必得
言文如文

義菴

題文章體法

文豈易言哉言

豈易言哉雖實

則易也萬文第

李鍾麟著作

文章體法